Königs Erläuterungen und Materialien
Band 466

Erläuterungen zu

Franz Kafka

Ein Bericht für eine Akademie

von Margret Westerwinter

Bange Verlag

Über die Autorin dieser Erläuterung:
Margret Westerwinter, geb. 1972, studierte Germanistik, Medienwissenschaft, Komparatistik und Anglistik an der Universität Paderborn, an der sie im Fach Komparatistik promovierte. Sie lebt und arbeitet als Lektorin und Autorin in Hamburg.

Das Werk und seine Teile sind urheberrechtlich geschützt. Jede Verwertung in anderen als den gesetzlich zugelassenen Fällen bedarf der vorherigen schriftlichen Einwilligung des Verlages. Hinweis zu § 52 a UrhG: Weder das Werk noch seine Teile dürfen ohne vorherige schriftliche Einwilligung des Verlages öffentlich zugänglich gemacht werden. Dies gilt auch bei einer entsprechenden Nutzung für Unterrichtszwecke!

1. Auflage 2007
ISBN-978-3-8044-1838-7
© 2007 by Bange Verlag, 96142 Hollfeld
Alle Rechte vorbehalten!
Lektorat: Oliver Pfohlmann und Hannelore Piehler
Titelabbildung: Franz Kafka
Herstellung: Pia Mankopf, Neuenmarkt
Druck und Weiterverarbeitung: Tiskárna Akcent, Vimperk

Inhalt

Vorwort 5

1. **Franz Kafka: Leben und Werk** 9
1.1 Biografie 9
1.2 Zeitgeschichtlicher Hintergrund 22
1.3 Angaben und Erläuterungen zu
    wesentlichen Werken 28

2. **Textanalyse und -interpretation** 33
2.1 Entstehung und Quellen 33
2.2 Inhaltsangabe 39
2.3 Aufbau 47
2.4 Personenkonstellation und Charakteristiken ... 51
2.5 Sachliche und sprachliche Erläuterungen 60
2.6 Stil und Sprache 61
2.7 Interpretationsansätze 69
2.7.1 Biografischer Ansatz:
      Kafka als Künstler und Junggeselle 69
2.7.2 Assimilationsansatz: Rotpeter ein assimilierter Jude? ... 74
2.7.3 Philosophischer Ansatz: Freiheit oder Ausweg? 78
2.7.4 Intertextuelle Bezüge und
      der Blick auf Kafkas Quellen 85

3. **Themen und Aufgaben** 90

4. **Rezeptionsgeschichte** 95

5. **Materialien** 101

   Literatur 107

Vorwort

Am 29. November 1922 schreibt Franz Kafka an seinen Freund Max Brod:

> *"Von allem, was ich geschrieben habe, gelten nur die Bücher: Urteil, Heizer, Verwandlung, Strafkolonie, Landarzt und die Erzählung: Hungerkünstler … Wenn ich sage, dass jene 5 Bücher und die Erzählung gelten, so meine ich damit nicht, dass ich den Wunsch habe, sie mögen neu gedruckt und künftigen Zeiten überliefert werden, im Gegenteil, sollten sie ganz verloren gehen, entspricht dieses meinem eigentlichen Wunsch. Nur hindere ich, da sie schon einmal da sind, niemanden daran, sie zu erhalten, wenn er dazu Lust hat."*[1]

Dass Brod dem Willen seines Freundes zuwiderhandelte, ist bekannt: Kurz nach dem Tod Kafkas am 3. Juni 1924 begann er, nach und nach dessen Nachlass zu veröffentlichen, darunter die berühmten Romane *Amerika* (später unter dem von Kafka ursprünglich vorgesehenen Titel *Der Verschollene* publiziert), *Der Prozess* und *Das Schloss*. Brod sorgte so maßgeblich dafür, dass Kafkas Rang als einer der bedeutendsten Autoren der Weltliteratur begründet werden konnte. Für die Interpretation der vorliegenden Erzählung ist aufschlussreich, dass sie zu den wenigen Texten des Prager Autors gehört, die seinem eigenen strengen Urteil standhielten und deren Veröffentlichung auf eigenes Betreiben hin stattfand. Denn *Ein Bericht für eine Akademie* ist Teil des 1920 im Kurt Wolff Verlag erschienenen Erzählbandes *Ein Landarzt*. Ihre Erstveröffentlichung erfolgte bereits im Novem-

---

[1] Zitiert nach: *Kafka, Ein Landarzt*, S. 355 f. Sämtliche Kafka-Zitate wurden in Orthographie und Interpunktion den Regeln der neuen Rechtschreibung angepasst.

ber 1917 in der von dem jüdischen Philosophen Martin Buber herausgegebenen Monatsschrift *Der Jude*.[2]

Entstanden ist der Bericht des Affen Rotpeter im April 1917, also während des Ersten Weltkriegs, in einer der fruchtbarsten Schaffensphasen des Autors. Zu dieser Zeit wohnte Kafka allein in einer Wohnung im Schönborn-Palais auf der Kleinseite Prags und arbeitete in einem von seiner Schwester Ottla gemieteten Häuschen in der Alchimistengasse in der Altstadt. Seine Lebenssituation hatte sich zu diesem Zeitpunkt etwas entspannt: Neben der Erleichterung, die Kafka durch seine veränderte Wohn- und Arbeitssituation empfand, die ihn aus der Enge der elterlichen Wohnung befreite, hatte sich des Weiteren seine Beziehung zu der Berliner Angestellten Felice Bauer vorübergehend wieder zum Positiven gewendet. Auch von der Krankheit, die sein Leben bereits im Alter von 40 Jahren beenden sollte, wusste er zu diesem Zeitpunkt noch nichts; die ersten Symptome seiner Tuberkulose machten sich erst vier Monate später bemerkbar.

> *„Nein, Freiheit wollte ich nicht. Nur einen Ausweg; rechts, links, wohin immer; ich stellte keine anderen Forderungen; sollte der Ausweg auch nur eine Täuschung sein; die Forderung war klein, die Täuschung würde nicht größer sein. Weiterkommen, weiterkommen!"* (S. 54)

Mit diesen Worten kommentiert der Affe Rotpeter – der Erzähler und Protagonist in Kafkas Erzählung *Ein Bericht für eine Akademie* – im Rückblick seine Gedanken während seiner Gefangenschaft im Käfig auf dem Hagenbeckschen Dampfer, der ihn nach Hamburg brachte. In diesem kurzen Zitat finden sich bereits in konzentrierter Form Motive und Thematik dieser Erzählung, deren Rezeptions- und Deutungsgeschichte facetten-

---
2 Vgl. Koch, S. 175.

reich ist. Im Zusammenhang mit der Interpretation von Werken Kafkas taucht dabei immer wieder der Begriff des „Kafkaesken" (meist als Adjektiv „kafkaesk" gebraucht) auf. Ein Ausdruck, der vor allem die charakteristische Grundstimmung des Bedrohlichen, Undurchschaubaren und Rätselhaften von Kafkas Texten beschreiben soll – und zugleich die Schwierigkeiten, sie zu interpretieren. Ein Brief an seine Verlobte Felice Bauer vom 10. Juni 1913 verrät, dass Kafka seine Texte auch selbst nicht endgültig zu deuten vermochte. Dort schreibt er über seine Erzählung *Das Urteil*:

> *„Das ‚Urteil' ist nicht zu erklären. (...) Die Geschichte ist vielleicht ein Rundgang um Vater und Sohn, und die wechselnde Gestalt des Freundes ist vielleicht der perspektivische Wechsel der Beziehungen zwischen Vater und Sohn. Sicher bin ich dessen aber auch nicht."*[3]

Übertragen auf die vorliegende Erzählung heißt dies: Eine richtige oder falsche Interpretation gibt es nicht. Es gibt lediglich verschiedene, mehr oder weniger plausible Perspektiven, von denen aus man sich Kafkas Texten nähern kann. In diesem Sinne arbeitet auch die vorliegende Interpretationshilfe, in der keine Wertung der einzelnen Ansätze vorgenommen wird.
Will man Kafkas Erzählung *Ein Bericht für eine Akademie* deuten, eröffnet sich dem Leser eine Fülle möglicher Ansätze. Die Erläuterung will einen repräsentativen Querschnitt aufzeigen und schöpft dabei aus einer Vielzahl von Materialien, darunter Kafkas *Briefe*, seine *Tagebücher* sowie sein übriges literarisches Werk. Daneben werden biografische Arbeiten über Kafka, zeitgeschichtliche und kulturhistorische Bezüge und auch einschlä-

---

3 Kafka, *Briefe an Felice*, S. 396 f.

gige literaturwissenschaftliche Arbeiten berücksichtigt. Als Textgrundlage dient die 2003 in der Reihe *Suhrkamp BasisBibliothek – Arbeitstexte für Schule und Studium* erschienene Taschenbuchausgabe *Das Urteil und andere Erzählungen*, die auch den *Bericht für eine Akademie* enthält.

1. Franz Kafka: Leben und Werk

1.1 Biografie[4]

Jahr	Ort	Ereignis	Alter
1883	Prag	Geburt Franz Kafkas am 3. Juli als erstes Kind des jüdischen Kaufmanns Hermann Kafka (1852–1931) und seiner jüdischen Frau Julie, geb. Löwy (1856–1934). Die Eltern betreiben ein Geschäft für „Galanteriewaren" (modische Accessoires). Es folgen fünf Geschwister: Georg (1885, stirbt im Alter von 15 Monaten), Heinrich (1887, stirbt im Alter von sechs Monaten), Gabriele, genannt Elli (1889–1941), Valerie, genannt Valli (1890–1942), und Ottilie, genannt Ottla (1892–1943). Alle drei Schwestern werden später in Auschwitz ermordet.	
1889–1893		Besuch der „Deutschen Volks- und Bürgerschule in Prag". Kafka fällt als überdurchschnittlich guter Schüler auf.	6–10

---

4 Vgl. hierzu Hermes, *Franz Kafka*, sowie Wagenbach, *Kafka*.

1.1 Biografie

Jahr	Ort	Ereignis	Alter
1893–1901		Besuch des „Staatsgymnasiums mit deutscher Unterrichtssprache in Prag-Altstadt" bis zum Abitur. Kafka fasst bereits zu diesem frühen Zeitpunkt den Entschluss, Schriftsteller zu werden.	10–18
1896		Bar-Mizwa[5] Kafkas am 13. Juni – vom Vater „Konfirmation" genannt – in der „Zigeuner-Synagoge".	13
1900	Triesch bei Iglau in Mähren und Rostok	Besucht in den Sommerferien seinen Onkel, den Landarzt Siegfried Löwy (1867–1942); Aufenthalt in der Sommerfrische seiner Familie.	17
1901	Helgoland Norderney	Nach dem Abitur erste größere Sommerreise zusammen mit seinem Onkel Löwy.	18
1901–1906	Prag	Studium an der (deutschen) Karls-Universität. Wechselt nach zwei Wochen von Chemie zu Jura. In dieser Zeit entstehen Freundschaften zu Max Brod (1884–1968), Oskar Baum (1883–1941) und Felix Weltsch	18–23

---

5 Durch die Bar-Mizwa-Feier (aramäisch: „Sohn des Gebots") wird ein jüdischer Junge, der das 13. Lebensalter vollendet hat, in die Glaubensgemeinschaft aufgenommen.

1.1 Biografie

Jahr	Ort	Ereignis	Alter
		(1884–1964). Mit ihnen trifft sich Kafka ab 1905 regelmäßig zu literarischen Lesungen und Diskussionen.	
1902		Sommersemester: Ausschließlicher Besuch von Vorlesungen an der Philosophischen Fakultät (Kunstgeschichte, Germanistik, Latein, Griechisch) Wintersemester: Fortsetzung des Jurastudiums.	19
1903		Juli: Kafka legt Erste Staatsprüfung in Rechtshistorik mit „gutem" Erfolg ab.	20
	Salesel bei Aussig	Juli/August: Verbringt Sommerferien mit der Familie.	
	Dresden	August: Erster Kuraufenthalt im Naturheilsanatorium „Weißer Hirsch".	
1904	Prag	Beginn der Arbeit an *Beschreibungen eines Kampfes,* Erzählungen, Skizzen, Prosagedichte.	21
1905	Zuckmantel (Österreichisch Schlesien)	Juli/August: Aufenthalt im „Sanatorium Dr. Ludwig Schweineburg" wegen Neurasthenie und Schlaflosigkeit.	22
1906	Prag	Von April bis September Praktikum als „Advokatursconcipient".	23

1.1 Biografie

Jahr	Ort	Ereignis	Alter
1907		Im Juni: Promotion zum Doktor der Rechte. Ab Oktober: Für ein Jahr Rechtspraktikant am Landgericht Prag. Beginn der Arbeit an *Hochzeitsvorbereitungen auf dem Lande*. Ab Oktober: Aushilfskraft in der Prager Filiale der italienischen Versicherungsgesellschaft „Assicurazioni Generali".	24
	Triesch bei Iglau in Mähren	Im Sommerurlaub intensive Beziehung zu Hedwig Weiler, die bis Januar 1908 als Brieffreundschaft fortgeführt wird.	
1908	Prag	Erste Veröffentlichung von acht Prosastücken unter dem Titel *Betrachtung* in der Zeitschrift *Hyperion*. Ab Juli: Aushilfsbeamter bei der „Arbeiter-Unfall-Versicherungs-Anstalt für das Königreich Böhmen" (AUVA).	25
1909	Riva (Gardasee)	September: Urlaubsreise mit Max und Otto Brod. Danach Veröffentlichung der Reisereportage *Die Aeroplane in Brescia*.	26
	Prag	Ernennung zum „Anstaltspraktikanten" bei der AUVA. Beginn	

1.1 Biografie

Jahr	Ort	Ereignis	Alter
		der *Tagebücher*. Ausflüge in die Umgebung Prags und Besuche von Kabaretts und Kaffeehäusern.	
1910		Mai: Ernennung zum „Anstaltsconcipisten" bei der AUVA.	27
	Paris	Oktober: Urlaubsreise mit Max und Otto Brod.	
	Berlin	Dezember: Theaterbesuche; ohne Begleitung.	
1911	Nordböhmen	Zahlreiche Dienstreisen.	28
	Prag	Regelmäßige Besuche von Lesungen, Theater- und Operettenvorstellungen.	
	Oberitalien/ Paris	August/September: Urlaubsreise mit Max Brod.	
	Erlenbach bei Zürich	Alleinige Weiterreise zum Aufenthalt in einem Naturheilsanatorium.	
	Prag	Oktober: Freundschaft mit dem jüdischen Schauspieler Jizchak Löwy (1887–1942), erste intensive Auseinandersetzung mit dem Judentum.	
		Kafka wird mit dem Geld seines Vaters stiller Teilhaber der „Prager Asbestwerke Hermann & Co." seines Schwagers Karl Hermann.	

1.1 Biografie

Jahr	Ort	Ereignis	Alter
1912		Beginn der Arbeit an *Der Verschollene* (*Amerika*).	29
	Leipzig/ Weimar	Juni/Juli: Urlaubsreise mit Max Brod, der für Kafka den Kontakt zu den Verlegern Ernst Rowohlt und Kurt Wolff herstellt.	
	Harz	Alleinige Weiterreise zum Aufenthalt im Naturheilsanatorium „Justs Jungborn".	
	Prag	13. August: Kafka lernt bei Max Brod die Berliner Angestellte Felice Bauer (1887–1960) kennen.	
		September: Aufnahme der Korrespondenz mit Felice Bauer, die bis 1917 dauert und am Ende ca. 500 Briefe umfasst. Die Erzählung *Das Urteil* entsteht.	
		Oktober: Selbstmordgedanken, weil ihm seine Familie Pflichtversäumnisse als Teilhaber der Asbest-Fabrik vorwirft.	
		November: Beginn der Niederschrift der Erzählung *Die Verwandlung*.	
		Dezember: Der Band *Betrachtung* erscheint.	
1913		März: Beförderung zum „Vizese-	30

Jahr	Ort	Ereignis	Alter
		kretär" bei der AUVA.	
		Mai: *Der Heizer* erscheint.	
	Berlin	März/Mai/November: Besuche bei Felice Bauer.	
	Wien	Dienstreise zum „Internationalen Kongress für Rettungswesen und Unfallverhütung" mit dem Direktor der AUVA. Besuch von Veranstaltungen des Zionistenkongresses.	
	Riva (Gardasee)	Alleinige Weiterreise zum Aufenthalt im Sanatorium von Dr. von Hartungen, Affäre mit der „Schweizerin".	
	Prag	Oktober: Bekanntschaft mit Felices Freundin Grete Bloch.	
1914	Berlin	Besuche bei Felice Bauer. Verlobung im April, offizielle Feier im Juni, Entlobung im Juli.	31
	Prag	August: Kriegsausbruch. Kafkas Schwager Karl Hermann wird als Soldat einberufen; Kafka muss sich verstärkt um die Asbest-Fabrik kümmern. Auszug aus dem Elternhaus, zuerst in die Wohnung seiner Schwester Valli (Bilekgasse), danach in die seiner Schwester Elli (Neruda-	

1.1 Biografie

Jahr	Ort	Ereignis	Alter
		gasse). Arbeit an *In der Strafkolonie* und *Der Prozess*.	
1915		März: Kafka zieht in ein eigenes Zimmer (Lange Gasse).	32
	Ungarn	Reise mit Elli zum Besuch des Schwagers bei einer Versorgungseinheit.	
	Prag	Juni: Kafka wird auf unbestimmte Zeit vom Militärdienst freigestellt.	
	Karlsbad	Wiedersehen mit Felice Bauer.	
	Rumburg (Nordböhmen)	Juli: Aufenthalt im Sanatorium Frankenstein.	
	Prag	Dezember: Carl Sternheim überlässt Kafka sein Preisgeld für den Fontanepreis. *Die Verwandlung* erscheint.	
1916	Marienbad	Juli: Urlaub mit Felice Bauer.	33
	München	November: Öffentliche Lesung von *In der Strafkolonie*.	
	Prag	Intensive Arbeit an den *Landarzt*-Erzählungen in dem Häuschen in der Alchimistengasse. *Das Urteil* und *Vor dem Gesetz* erscheint.	
1917		März: Umzug in eine Zweizimmer-Wohnung im Schönborn	34

Jahr	Ort	Ereignis	Alter
		Palais. Mai: Kafka beginnt Hebräisch-Studien.	
		April: *Ein Bericht für eine Akademie* entsteht.	
	Budapest/ Arad	Juli: Reise mit Felice Bauer zu deren Schwester Else Braun, zweite Verlobung.	
	Prag	August: Blutsturz, Beginn der Lungentuberkulose; Kündigung des Mietvertrags für die Alchimistengasse und das Schönborn-Palais, Kafka wohnt kurzfristig wieder in der Wohnung seiner Eltern.	
	Zürau	September bis April: Übersiedlung zu Ottla.	
		Ein Bericht für eine Akademie erscheint im November in der Monatsschrift *Der Jude* und im Dezember unautorisiert als Weihnachtsbeilage in der *Österreichischen Morgenzeitung*.	
	Prag	Dezember: Erneute Entlobung mit Felice Bauer bei einem Treffen in Prag, Lesung von *Ein Bericht für eine Akademie* durch Elsa Brod im „Klub jüdischer Frauen und Mädchen".	

1.1 Biografie

Jahr	Ort	Ereignis	Alter
1918		April: Umzug in die Wohnung seiner Eltern. Mai: Arbeitsaufnahme bei der AUVA. Sommer: Kafka verrichtet in seiner Freizeit Gartenarbeit im Pomologischen Institut nahe Prag. Juli: Die Asbest-Fabrik wird geschlossen.	35
	Turnau	September: Erholungsaufenthalt und Arbeit in einer Gärtnerei.	
	Schelesen	Ab Dezember bis März: Erholungsaufenthalt.	
1919		Lernt dort Julie Wohryzek (1891–1944) kennen, mit der er sich im Sommer verlobt.	36
	Prag	April: Rückkehr und Dienstaufnahme der AUVA. *In der Strafkolonie* erscheint.	
	Schelesen	November: Arbeit an *Brief an den Vater*.	
	Prag	Dezember: Beförderung zum Anstaltssekretär bei der AUVA.	
1920	Meran	April bis Juni: Kuraufenthalt. Beginn des Briefwechsels mit der Übersetzerin und Journalistin Milena Jesenská (1896–1944). Mai: *Ein Landarzt* erscheint.	37

Jahr	Ort	Ereignis	Alter
		Juni: Treffen mit Milena Jesenská.	
	Wien	Juli: Entlobung mit Julie Wohryzek.	
	Prag	August: Treffen mit Milena Jesenská.	
		September: In der Tageszeitung *Tribuna* erscheint *Ein Bericht für eine Akademie* in der tschechischen Übersetzung (*Zpráva pro Akademii*) von Milena Jesenská.	
1921	Matliary (Slowakei)	Ab Dezember bis August: Aufenthalt im Sanatorium.	38
		Februar: Kafka schließt Freundschaft mit dem ungarischen Juden Robert Klopstock (1899–1972).	
	Prag	Ende August: Wiederaufnahme der Arbeit bei der AUVA für zwei Monate.	
		Oktober: Übergabe seiner Tagebuchhefte und des Manuskripts des *Verschollenen* an Milena Jesenská.	
		Winter: Legt testamentarische Verfügung nieder mit der Bitte an Max Brod, alle unveröffent-	

1.1 Biografie

Jahr	Ort	Ereignis	Alter
		lichten Schriften nach seinem Tod zu verbrennen.	
1922	Spindelmühle	Januar/Februar: Erholungsaufenthalt. Arbeit an *Das Schloss*. Beförderung zum „Obersekretär" bei der AUVA.	39
	Prag	Februar: Rückkehr und häufige Treffen mit Max Brod. Mai: *Ein Hungerkünstler* entsteht. Juli: Pensionierung bei der AUVA.	
	Planá an der Luschnitz	Ende Juni bis September: In der Sommerwohnung seiner Schwester Ottla.	
1923	Prag	Plan, nach Palästina überzusiedeln.	40
	Müritz an der Ostsee	August/September: Ferienreise mit der Familie seiner Schwester Elli. Lernt die orthodoxe Jüdin Dora Diamant (1898–1952) kennen.	
	Schelesen	Juli: Ferienaufenthalt mit seiner Schwester Ottla. Ende September: Übersiedlung zu Dora Diamant.	
	Berlin	Hebräischstudien an der Jüdischen Hochschule. Arbeit an *Eine kleine Frau* und *Der Bau*.	

1.1 Biografie

Jahr	Ort	Ereignis	Alter
1924		Februar: *Ein Bericht für eine Akademie* wird im Berliner „Meistersaal" vorgetragen. März: Niederschrift der letzten Erzählung *Josefine, die Sängerin oder Das Volk der Mäuse*.	40
	Kierling bei Klosterneuburg	Ab April: Gemeinsam mit Dora Diamant und Robert Klopstock im Sanatorium Hoffmann. Kafka stirbt am 3. Juni an Kehlkopftuberkulose. Ende August: *Ein Hungerkünstler. Vier Geschichten* erscheint.	

1.2 Zeitgeschichtlicher Hintergrund

Politische Situation in Prag
Die Zeit von Kafkas Geburtsjahr 1883 bis zum Ende des Ersten Weltkrieges 1918, dem Jahr, in dem die Tschechoslowakische Republik ausgerufen wurde, war eine Umbruchphase. Das Leben in der österreichisch-ungarischen Donaumonarchie wurde von vielen gesellschaftlichen, sozialen und politischen Veränderungen geprägt. Wie viele andere jüdische Familien wurde auch die Kafkas vom Wunsch nach gesellschaftlichem und sozialem Aufstieg angetrieben. Für Juden, die aus einfachsten Verhältnissen stammten und aus der Provinz in die Stadt gezogen waren, war die Assimilation[6] an die deutschsprachige Oberschicht einerseits Voraussetzung für ihre gesellschaftliche Anerkennung und andererseits eine Überlebensstrategie. Auswirkungen dieses Anpassungsprozesses zeigten sich in der Vernachlässigung der hebräischen Sprache und der jüdischen Rituale. Trotz allem war die jüdische Gemeinde von einem starken Zusammenhalt geprägt. Er resultierte aber weniger aus der gemeinsamen religiösen Gesinnung, sondern war mehr eine Folge des immer größer werdenden Antisemitismus in der Bevölkerung.

Die schwierige Situation der assimilierten jüdischen Familie Kafkas in Prag kann stellvertretend für die Lage stehen, in der sich die meisten Juden in dem damaligen Vielvölkerstaat Österreich-Ungarn befanden. Viele von ihnen waren in selbstständigen Handelsberufen tätig; Kafkas Vater mit seinem Geschäft für Galanteriewaren ist dafür ein gutes Beispiel. Häufig entluden sich die gesellschaftlichen Spannungen auf dem Rücken der jüdischen Minderheit. Antisemitische Strömungen gab es sowohl unter den tschechischen als auch unter den deutschen Nationa-

---

6 Assimilation: Anpassung an die dominierende Kultur einer Gesellschaft, meist einhergehend mit der Aufgabe der eigenen kulturellen Identität.

1.2 Zeitgeschichtlicher Hintergrund

listen. Boykottaufrufe oder Drohungen gegen jüdische Geschäfte gehörten zum Alltag der Juden in Prag.

Die Juden stellten eine Minderheit in Prag dar: 1912 lebten etwa 28.000 Menschen mosaischen Glauben in der Stadt, etwa sechs Prozent der Einwohner. Die meisten passten sich dem Ton angebenden, Deutsch sprechenden Prager Bürgertum an. Obwohl selbst eine Minderheit (gegenüber der Mehrheit der tschechischen Bevölkerung), war die deutsche Bevölkerung bildungspolitisch überdurchschnittlich gut repräsentiert. Für sie gab es eine Universität, eine Hochschule, neun Höhere Schulen und zwei große Tageszeitungen. Die deutsche Minderheit beanspruchte für sich die Position einer kulturellen und politischen Elite, was zu einem immer stärker werdenden tschechischen Nationalismus führte. Obwohl Kafka einige der deutschen Bildungsinstitutionen besuchte und ganz in ihrem Sinne erzogen wurde, blieb er ein kritischer Beobachter der Zeitgeschichte, der beispielsweise mit den tschechischen Angestellten seines Vaters sympathisierte. Gerade unter den jungen jüdischen Intellektuellen gab es starke Gegentendenzen zum Assimilationsstreben ihrer Eltern. So interessierte sich auch Kafka für die jüdische Kultur. Er wandte sich dem Ostjudentum und seinen Traditionen und Bräuchen zu und beschäftigte sich mit dem Zionismus.[7] Auch begann er schon in jungen Jahren mit Hebräischstudien, die er bis zu seinem Tode fortführte.

Antisemitismus

---

7 Der Zionismus war eine Ende des 19. Jahrhunderts entstandene jüdische Bewegung mit dem Ziel, angesichts des europaweit grassierenden Antisemitismus in Palästina einen nationalen Staat für Juden zu schaffen. Der Begründer dieser Bewegung, für die sich auch Kafkas Freund Max Brod engagierte, war der österreichisch-jüdische Journalist Theodor Herzl (1860–1904). Kafka selbst stand dem Zionismus allerdings eher skeptisch gegenüber.

1.2 Zeitgeschichtlicher Hintergrund

Der Erste Weltkrieg[8]

Mit Beginn des Ersten Weltkriegs änderte sich die gesamtgesellschaftliche Lage und das politische und soziale Klima in Österreich-Ungarn drastisch. Die strukturellen Ursachen für den Kriegsausbruch wie der deutsche Militarismus und die nicht mehr zu befriedenden Nationalismen innerhalb des Habsburgerreichs zeigten auch in Prag ihre Auswirkungen. Es kam zu Unruhen, die durch den antideutschen und oftmals auch antisemitischen Nationalismus in Prag geschürt und durch eine Militärjustiz gewaltsam unter Kontrolle gehalten wurden. Der Krieg im Osten, der gegen das russische Zarenreich geführt wurde, wurde von den zionistischen Kreisen, zu denen auch Kafkas Jugendfreund Hugo Bergmann gehörte, unterstützt – galt Russland doch als besonders antisemitisch. Aus Angst vor der voranrückenden russischen Armee flüchteten viele Ostjuden ab September 1914 aus ihren *Schtetls* (jiddisch für „Städtchen") Richtung Westen. Die Folge war, dass auf den Straßen Prags bald schon abertausende arme, hungernde jüdische Flüchtlinge aus Galizien (im heutigen Polen und der Ukraine gelegen) zu sehen waren. In ihrer exotisch anmutenden Kleidung (Kaftan) konfrontierten sie assimilierte „Dreitagejuden"[9] (wie Kafkas Familie) mit einem unliebsamen Teil der eigenen Kultur und Vergangenheit, den sie am liebsten für immer vergessen hätten. Zumal für die assimilierten Westjuden gerade der Krieg die Möglichkeit zu bieten schien, die begonnene kulturelle Integration zu vollenden. Um die eigene gesellschaftliche Vollwertigkeit unter Beweis zu stellen, meldeten sich 1914, nach Kriegsausbruch, viele jüdische Bürger Prags freiwillig für den

> Juden wollen im Krieg ihre Integration beweisen

---

8 Vgl. zum Folgenden Stach, Kapitel „Wiederkehr des Ostens".
9 Scherzhafte Bezeichnung für Juden, die nur die drei höchsten Feiertage ihres Glaubens wahrnehmen.

Kriegsdienst oder gaben überdurchschnittlich hohe Spenden. (Gedankt wurde es ihnen allerdings nicht; viele Tschechen und Deutsche fanden bald in den Juden willkommene ‚Sündenböcke' für den desaströs verlaufenden Krieg und beschimpften sie als „Drückeberger".) Kafka beobachtete diesen „Zusammenprall der Kulturen" zwischen Ost- und assimilierten Westjuden auf den Straßen Prags genau und bewunderte den Stolz, die Authentizität und die Unerschrockenheit der jüdischen Flüchtlinge.

Prager deutsche Literatur und Expressionismus
Um die Jahrhundertwende bildete Prag für viele Künstler einen kulturellen Mittelpunkt. Als Großstadt des Vielvölkerstaates Österreich-Ungarn war Prag ein weltoffener, durch regen Austausch zwischen den Nationalitäten geprägter Ort. Er musste aber, vor allem bei den deutschsprachigen Künstlern und Literaten wie Franz Kafka, Egon Erwin Kisch, Max Brod, Felix Weltsch, Otto Baum und Franz Werfel, mit den Kulturmetropolen Berlin, Wien oder München wetteifern. So weist auch Kafkas Lebenslauf eine Fülle von Besuchen in deutschen Städten auf.

Die tschechische Germanistik führte etwa Mitte des 20. Jahrhunderts den Begriff der „Prager deutschen Literatur" bzw. der „Deutschsprachigen Literatur Prags" ein. Eine erste wissenschaftliche Konferenz zu diesem Thema fand 1965 in Liblice bei Prag statt. Die Hinwendung zu diesem Thema ist vor allem als eine Folgeerscheinung des Zweiten Weltkriegs zu verstehen, da kriegsbedingt zahlreiche Schriften und Werke tschechischer Autoren verloren gingen. Zusätzliche Bedeutung erhält das Thema dadurch, dass diese Literatur den wichtigsten Komplex literarischer Werke in deutscher Sprache außerhalb des geschlossenen deutschen Sprachgebietes darstellt und dass sie durch die tschechische Kultur, Literatur und Geschichte mitgeprägt

1.2 Zeitgeschichtlicher Hintergrund

> „Prager deutsche Literatur" umspannt Zeitraum 1884–1938/39

wurde. Zeitlich umspannt diese Literaturbewegung vor allem die Jahre zwischen Rainer Maria Rilkes Werk *Leben und Lieder* (1884) und dem Einmarsch deutscher Truppen in die Tschechoslowakei 1938/39. Auch örtlich wird der Begriff begrenzt, umfasst er doch nur die deutsch schreibenden Autoren Prags.[10] Von einer gemeinsamen literarischen Schule kann jedoch nicht gesprochen werden, denn es werden sehr unterschiedliche Autoren der Prager deutschen Literatur zugeordnet, darunter auch Franz Kafka. Neben den bereits genannten gelten z. B. Gustav Meyrink, Franz Weiskopf, Karl Brand, Rudolf Fuchs, Ernst Sommer, Paul Adler, und Leo Perutz als Vertreter der deutschsprachigen Literatur Prags.

Eine Vielzahl deutscher Autoren und ihrer Werke der Zeit zwischen 1910 bis zur Machtübernahme der Nationalsozialisten im Jahr 1933 werden dem Expressionismus zugerechnet, ein Terminus, der zunächst für die bildende Kunst verwendet wurde und später auch als Bezeichnung einer literarischen Epoche diente. Für die Prager deutsche Literatur sind hier vor allem Franz Werfel und Max Brod zu nennen, Brod gab 1913 das expressionistische Jahrbuch *Arkadia* heraus. Die jungen Dichter und Künstler dieser Richtung sahen sich als Außenseiter der Gesellschaft. Sie lehnten zunächst die Wilhelminische Gesellschaft mit ihren starren Normen und Konventionen ab, nach 1914 protestierten sie mit ihrer Kunst gegen den Krieg. In ihren Werken wollten sie den „Schrei" der vom Elternhaus oder den bürgerlichen Institutionen (Schule, Militär, Beruf) unterdrückten „Seele" des Einzelnen zum Ausdruck (Expression) bringen. Ziel der expressionistischen Kunst war es, wieder „Geist" (so ein viel beschworenes Schlagwort), aber auch Gefühl und Intuition

---

10 Vgl. Stölzl u. Born; Krywalski, *Deutschsprachige Literatur*, S. 1–9.

in die geistfeindliche, als „tot", „erstarrt" oder „unlebendig" empfundene Gesellschaft zu bringen und beim Leser oder Betrachter eine Veränderung bzw. „Wandlung" zu bewirken. Die expressionistische Literatur ist mit Außenseiterfiguren bevölkert: Wahnsinnige, Kranke, Kinder, Prostituierte. Auch Tiere spielen in vielen expressionistischen Texten eine Rolle. In einem weiteren Sinne kann auch Franz Kafkas Werk dem Expressionismus zugerechnet werden, obwohl es als autonomes Phänomen eine Sonderstellung einnimmt, da Kafka kaum Verbindungen zu anderen Schriftstellern hatte, deren Schaffen dieser literarischen Bewegung zuzuschreiben ist. Seine Verbindung zum Expressionismus wird jedoch zum einen durch die Tatsache gestützt, dass er im Kurt Wolff Verlag – dem wichtigsten Verlag des Expressionismus – veröffentlichte. Zum anderen wurde er von vielen Vertretern dieser Richtung als einer der Ihren angesehen.[11]

Kafka mit Sonderstellung

---

11 Zum Kurt Wolff Verlag und dem Expressionismus in Prag vgl. Anz, Literatur des Expressionismus, S. 27 f.

1.3 Angaben und Erläuterungen zu wesentlichen Werken

Zwischen der Erzählung *Ein Bericht für eine Akademie* und anderen Werken Kafkas bestehen zahlreiche motivische und thematische Verbindungen. Die folgenden Hinweise auf ausgewählte Werke des Autors sind als Anregung für eine weiterführende Lektüre zu verstehen.

Die Verwandlung (1912[12])	Diese Erzählung ist mit dem *Bericht* thematisch verwandt, da auch sie vom Übergang zwischen Mensch und Tier handelt. Allerdings vollzieht sich die titelgebende Verwandlung in umgekehrter Richtung: vom Menschen zum Tier. Sie wird vom Protagonisten Gregor Samsa zunächst nur körperlich vollzogen: Er findet sich eines Morgens in seinem Bett in einem Käferkörper vor. Dies hat zur Folge, dass ihm auch nur das biologisch bedingte kurze Leben eines Insekts beschert ist. Eine Ursache für die Verwandlung wird nicht genannt. Nach und nach setzt sich diese Verwandlung auch in seinem Verhalten fort. Sein Erscheinen und Verhalten entfremden ihn zunehmend von seiner Familie, die sich bald ein Leben ohne ihn wünscht. Die Erzählung verarbeitet die Konflikte, denen Kafka als Künstler in seiner Familie, die von ihm eine bürgerliche Existenz erwartete, ausgesetzt war.

---

12 Die folgenden Jahreszahlen beziehen sich auf die Entstehungszeit.

1.3 Angaben und Erläuterungen zu wesentlichen Werken

Der Verschollene (Amerika) (1912–1914)	Im Roman wird der junge Einwanderer Karl Roßmann zunächst von seinem reichen Onkel in New York aufgenommen. Nachdem er gegen den Willen des Onkels die Einladung eines Geschäftsfreundes angenommen hat, wird Karl vom Onkel verstoßen und macht sich auf zu einer Reise durch Amerika ohne konkretes Ziel. Am Ende des Romans folgt Karl Roßmann dem Aufruf eines Werbeplakats für ein Theater in Oklahoma und begibt sich per Zug auf die Reise dorthin. Ob er ankommt, bleibt offen. Zu den Bezügen zum *Bericht* vgl. Kapitel 2.7.4 dieser Erläuterung.
Der Prozess (1914/15)	Im Roman wird der Prokurist Josef K. an seinem 30. Geburtstag verhaftet, darf sich aber weiter in Freiheit bewegen, weil keine Fluchtgefahr besteht. Er wird eines Verbrechens, welches nicht näher bestimmt wird, angeklagt, von einem Gericht, an dessen Verhandlung er nicht teilnehmen darf, zum Tode verurteilt und am Vorabend seines 31. Geburtstags in einem Steinbruch hingerichtet. Zu den Bezügen zum *Bericht* vgl. Kapitel 2.7.4 dieser Erläuterung.
Schakale und Araber (1917)	Das Prosastück um die nächtliche Begegnung eines Ich-Erzählers mit sprechenden Schakalen in einer Oase enthält wie der *Bericht* das Motiv der Sprachfindung. Das Sprachvermögen der Tierfiguren ist bei Kafka von zentraler

1.3 Angaben und Erläuterungen zu wesentlichen Werken

	Bedeutung. Erst über die Fähigkeit zu sprechen werden die Tiere zu dem Menschen gleichgestellten Subjekten bzw. Individuen.
Der neue Advokat (1917)	Das frühere Streitross von Alexander dem Großen findet als Advokat Aufnahme in einer Anwaltskanzlei. Der tierische Protagonist mit dem Namen Dr. Bucephalus geht wie der im Varieté auftretende Affe Rotpeter im *Bericht* einem menschlichen Beruf nach.
Ein Landarzt (1917)	In einer Winternacht wird ein Landarzt, dessen Pferd in der vorausgegangenen Nacht gestorben ist, an das Krankenbett eines Jungen gerufen. Das Transportproblem wird dadurch gelöst, dass sich im Schweinestall des Arztes überraschend zwei Pferde finden, die der plötzlich auftauchende Pferdeknecht dem Arzt überlässt; im Gegenzug muss der Arzt dem Knecht das Dienstmädchen Rosa zur (vermutlich sexuellen) Verfügung stellen. Der Arzt nimmt die Offerte an, obwohl er realisiert, dass der Knecht Rosa gewaltsam bedroht. Am Krankenlager des Jungen angekommen, entdeckt der Arzt an der Hüfte des Kranken eine handtellergroße rosafarbene Wunde, die von Würmern befallen ist. Die Eltern des Jungen entkleiden den Arzt und legen ihn mit äußerstem Nachdruck zu dem Verwundeten ins Bett. Als die Pferde ihre Köpfe zum Fens-

> ter hereinstrecken, beschließt der Landarzt zu fliehen und springt fast unbekleidet in die Kutsche. Auch Rotpeter im *Bericht* hat – als Folge seiner Gefangennahme – eine Wunde ausgerechnet an der Hüfte. Aus einer psychoanalytischen Perspektive kann eine solche Wunde symbolisch für eine Kastration oder auch das weibliche Geschlecht stehen. Sexuelle bzw. psychoanalytische Symbole finden sich häufig in den Texten dieses Autors, der übrigens mit der Psychoanalyse gut vertraut war.[13]

Forschungen eines Hundes (1922)	In dieser Erzählung denkt ein namenloser Hund über verschiedene Phänomene nach, z. B. darüber, woher die Erde die Nahrung nimmt. Hier wird, ähnlich wie im *Bericht* und im Roman *Das Schloss*, die Verlorenheit des Individuums durch das Fehlen eines sozialen Gegenübers sichtbar. Diese Erzählung kann als Allegorie auf die Suche des Menschen nach Erkenntnis gelesen werden oder als eine Satire auf die Beschneidung der menschlichen Freiheit durch die gesellschaftlich vorgegebenen Regeln des Alltags. Wichtiger Unterschied zum *Bericht*: Der Text vergleicht nicht zwischen menschlicher und tierischer Welt, da dem Hund das Bewusstsein davon fehlt, dass es neben seiner eigenen überhaupt eine menschliche Welt gibt.

---

13 Vgl. Anz, *Kafka*, S. 32 ff.

1.3 Angaben und Erläuterungen zu wesentlichen Werken

Das Schloss (1922) — Im Roman kommt ein Mann namens K. an einem Winterabend in ein Dorf und erklärt, dass er der neue Landvermesser des gräflichen Schlosses sei. Alle Versuche des Protagonisten, Einlass in das Schloss zu bekommen, um seinen Dienst anzutreten, scheitern. Zu den Bezügen zum *Bericht* vgl. Kapitel 2.7.4 dieser Erläuterung.[14]

---

14 Alle drei Romane blieben unvollendet und wurden erst nach Kafkas Tod veröffentlicht. Vergleicht man den Helden im *Bericht* mit Kafkas Roman-Protagonisten, fällt auf, dass es sich bei dem Affen um Kafkas einzigen relativ ‚erfolgreichen' Helden handelt.

2. Textanalyse und -interpretation

2.1 Entstehung und Quellen

Ein Bericht für eine Akademie ist eine von 14 Erzählungen und Prosastücken, die im Mai 1920 in dem Band *Ein Landarzt* im Kurt Wolff Verlag erschienen sind. Die Forschung vermutet, dass der *Bericht* zwischen dem 6. und dem 22. April 1917 entstanden ist.

> Arbeit am Bericht:
> 6. bis 22. April 1917

Entstehungsort war das von Kafkas Schwester Ottla gemietete Häuschen Alchimistengasse 22 am Rand des Prager Burgbergs, wo Kafka seit November 1916 ungestört arbeiten konnte.[15] Die Niederschrift erfolgte, bis auf den handschriftlich nicht überlieferten Schluss[16], am Ende von *Oktavheft D*.[17] Die in dem Oktavheft vorangehenden Fragmente lassen darauf schließen, dass der Autor ursprünglich einen Reporter über den berühmten Varieté-Affen Rotpeter berichten lassen wollte, ehe er sich entschied, Rotpeter selbst von seinem Leben erzählen zu lassen.[18] Die Erzählung erschien zuerst im Oktober- und Novemberheft von Martin Bubers Monatsschrift *Der Jude*, und zwar zusammen mit der Erzählung *Schakale und Araber* unter dem Gesamttitel *Zwei Tiergeschichten*. Ein unautorisierter Nachdruck des *Berichts* erschien am 25. Dezember 1917 in der *Österreichischen Morgenzeitung*.

Bei Kafkas *Ein Bericht für eine Akademie* handelt es sich zunächst um eine **Erzählung**, womit allgemein literarische Texte bezeichnet werden, die länger als eine Kurzgeschichte, aber (deutlich) kürzer als ein Roman sind. Aufgrund der Erzählhaltung

---

15 Zur Datierung vgl. Bauer-Wabnegg, *Monster und Maschinen*, S. 359 f.; Koch, S. 173 ff.
16 Kafka, *Beim Bau der chinesischen Mauer*, S. 105–112.
17 Bei den acht erhalten gebliebenen Oktavheften handelt es sich um kleine Notizhefte, die Kafka nach 1916 mit sich führte und in die er meist mit Bleistift schrieb.
18 Die Fragmente finden sich in ebd., S. 100–104 u. S. 125.

2.1 Entstehung und Quellen

liegt eine **Ich-Erzählung** vor: Der Protagonist erzählt selbst in der 1. Person Singular sein Leben. Ich-Erzählungen sind vergleichsweise häufig in der Gattung des **Bildungsromans** anzutreffen. Diese Romanform entstand in der Weimarer Klassik (Goethes Roman *Wilhelm Meisters Lehrjahre,* erschienen 1795/96, ist ihr Prototyp); im Mittelpunkt steht ein Individuum, dessen innere Entwicklung hin zum Positiven im Lauf seines Lebens gezeigt wird. Sieht man einmal davon ab, dass es sich bei Kafkas *Bericht* nicht um einen Roman handelt, so zeigt der Text aufgrund der Entwicklung Rotpeters und seiner gelingenden Eingliederung in die menschliche Gemeinschaft doch Parallelen zu dieser Gattung. Allerdings wird man wohl Kafka am ehesten gerecht, wenn man seine Erzählung als **Satire** (z. B. auf den Bildungsroman) ansieht. Satirische Texte geben durch Übertreibungen, Ironie und Spott Personen, Zustände oder Ereignisse der Lächerlichkeit preis und üben so an ihnen Kritik. Eine satirische Übertreibung ist es beispielsweise, wenn Rotpeter so besessen lernt, dass er mehrere Lehrer gleichzeitig „verbraucht" und zumindest einer von ihnen in einer „Heilanstalt" landet, und das alles nur, damit Rotpeter am Ende ein komfortables Leben auf Banketten und mit einer halbdressierten Schimpansin führen kann. Auf diese Weise karikiert Kafka das idealistisch-bürgerliche Bildungsideal mit seinen Tugenden wie Fleiß oder Zielstrebigkeit (vgl. S. 59). Als Satire weist der *Bericht* auch Züge einer **Groteske** auf, da sich in ihm Komisches und Grausiges, Lächerliches und Schreckliches mischen: Ins Entsetzen des Lesers mischt sich das Lachen und umgekehrt. Die Form der Groteske dient häufig (und gerade bei Kafka) dem Ausdruck einer als paradox empfundenen Welt. Noch zwei weitere Begriffe sind wichtig, um Gattung und Form der Erzählung zu bestimmen: So lässt sich der *Bericht* ebenso als **Fabel** verste-

> Satire u. a. auf den Bildungsroman

2.1 Entstehung und Quellen

hen: In der Tierdichtung treten traditionell Tiere mit menschlichen Eigenschaften auf, meist, um so dem Leser den Spiegel vorzuhalten. Der Titel des Textes verweist dagegen auf die Form des **Berichts**, der in der Wissenschaft, Wirtschaft oder Politik meist als Grundlage für Beurteilungen oder Entscheidungen dient und sich vor allem durch Sachlichkeit und Objektivität auszeichnen soll.

Die Forschung geht davon aus, dass Kafka für den *Bericht* verschiedene Texte als **Quellen** bzw. Vorlagen dienten, auch wenn sich im Einzelnen nicht belegen lässt, dass Kafka die entsprechenden Texte kannte. Es handelt sich dabei um literarische und nichtliterarische Quellen. Im Folgenden wird eine schematische Übersicht über die wichtigsten dieser Quellen geliefert. Auf ihre Bedeutung für den *Bericht* wird in Kapitel 2.7 eingegangen.

Nichtliterarische Quellen[19]

Carl Hagenbeck (1844–1913): *Von Tieren und Menschen* (Autobiografie, erschienen 1908)
Der Hamburger Tierhändler und Zoodirektor Hagenbeck beauftragte nach 1866 pro Jahr mehrere Jagdexpeditionen, um in Afrika wilde Tiere einzufangen und nach Hamburg zu transportieren, wo sie zum Teil dressiert und verkauft wurden.

Berichte über den von dem amerikanischen Erfinder Thomas Alva Edison (1847–1931) erfundenen Phonographen[20]
1877 gibt der Phonograph das erste aufgezeichnete Wort eines Menschen wieder, es lautet: „Hello." 1889 wird die technische

---

19 Zu den nichtliterarischen Quellen vgl. Bauer-Wabnegg, *Monster und Maschinen*; Binder, *Kafka-Kommentar* und Heller.
20 Mit diesem „Klangschreiber" konnten Schallschwingungen als Tonspuren in einer Wachswalze festgehalten und mit Hilfe eines Trichters reproduziert werden.

2.1 Entstehung und Quellen

Innovation während der Weltausstellung in Paris der Akademie der Wissenschaften präsentiert. Das Gerät „hält" eine kleine Rede, die mit den Worten beginnt: „Der Phonograph begrüßt die Herren Mitglieder der Akademie der Wissenschaften."[21]

Artikel im *Prager Tagblatt*
9. 9. 1910: Bericht über das Gastspiel des Hamburger Zirkus Hagenbeck in Prag, in dem die Kunststücke des dressierten Menschenaffen Lord Robinson hervorgehoben werden.
1. 4. 1917: Franz Robert Hannessens Artikel *Consul, der viel Bewunderte. Aus dem Tagebuch eines Künstlers*. Der fiktive Protagonist Consul ist ein dressierter Affe, der Vorstellungen gibt und in einem Tagebuch über seine Situation reflektiert.

Verschiedene Texte aus dem Bereich Tierforschung, Zoo, Zirkus und Varieté
Erschienen in Fachzeitschriften wie *Proscenium* und *Artist*.

Alfred E. Brehm (1829–1884): *Brehms Tierleben* (zwischen 1864 und 1869 in sechs Bänden veröffentlicht)
Beschreibungen des Orang-Utans und des Schimpansen.

Charles Darwin (1809–1882): *Die Entstehung der Arten* (*On the Origin of Species*, 1859) und *Die Abstammung des Menschen* (*The Descent of Man*, 1871)
Kafka lernte bereits als Gymnasiast Darwins Theorie kennen, nach der Tierarten durch allmähliche Anpassung (Evolution) der Arten an ihre Umweltbedingungen entstehen, ein Vorgang, der sich vor allem durch Auswahl (Selektion) vollzieht. Der Mensch hat sich nach Darwin aus dem Affen entwickelt. (Heute weiß man: Mensch und Affe hatten gemeinsame Vorfahren.)

---

21 Vgl. Bauer-Wabnegg, *Monster und Maschinen*, S. 364.

2.1 Entstehung und Quellen

Friedrich Nietzsche (1844–1900): *Zur Genealogie der Moral* **(1887)**
Spätwerk des Philosophen, in dessen Mittelpunkt der Konflikt zwischen einer ursprünglichen „Herrenmoral" und einer später entstandenen „Sklavenmoral" steht. Während die Herrenmoral zwischen Gut und Schlecht (für das Individuum) unterscheide, unterscheide die Sklavenmoral zwischen Gut und Böse. Die Sklavenmoral (des Christentums) habe zwar im Laufe der Geschichte über die Herrenmoral triumphiert, doch werde der Konflikt noch heute in jedem „starken", „vornehmen" Menschen ausgetragen.[22]

Literarische Quellen[23]

Motiv des Affen in der klassisch-literarischen Tradition
Antike: (Heraklit) Affe als Symbol für Unvollkommenheit des Menschen.
Mittelalter: Affe und Spiegel als Symbol für die Eitelkeit des Menschen.
Ab 16. Jh.: Affe wird gleichgesetzt mit dem gelehrten Narren.

E. T. A. Hoffmann (1776–1822): *Nachricht von den neuesten Schicksalen des Hundes Berganza* **(1814)**
Die Ähnlichkeit, die diese Erzählung Hoffmanns zu Kafkas *Bericht* aufweist, liegt vor allem im Sprach- und Reflexionsvermö-

---
22 Zu Kafkas Nietzsche-Rezeption vgl. Bridgwater.
23 Zu den literarischen Quellen vgl. Bauer-Wabnegg, *Affe und Grammophon*; Bauer-Wabnegg, *Monster und Maschinen*; Binder, *Motiv und Gestaltung*; Binder, *Rotpeters Ahnen*; Bridgwater und Heller.

2.1 Entstehung und Quellen

gen des Hundes Berganza begründet. Auch hier wird menschliches Verhalten aus der Perspektive eines Tieres beleuchtet.

E. T. A. Hoffmann: *Nachricht von einem gebildeten jungen Mann* (1815)[24]

Diese Erzählung weist inhaltlich die größte Nähe zu Kafkas Erzählung auf. Der Protagonist Milo, der sich in seinem Brief an seine Affenfreundin Pipi als ehemaligen Affen bezeichnet, der jetzt ein Künstler und Gelehrter ist, spricht wie Rotpeter aus einer gesellschaftlich gefestigten Position heraus. Sein Brief weist Berichtcharakter auf, und Milo thematisiert das Nachahmen menschlichen Verhaltens als ersten Schritt im Prozess der Menschwerdung, bekennt sich zu immer wieder durchbrechenden instinktiven tierischen Verhaltensweisen, trifft philosophische Aussagen über das menschliche Leben und kann schreiben, lesen und sprechen. Anders als Kafkas Rotpeter kann er sich aber an sein Leben als Affe vor seiner Gefangennahme erinnern.

Wilhelm Hauff (1802–1827): *Der junge Engländer oder der Affe als Mensch* (1827)[25]

Diese Erzählung kann wie Kafkas Erzählung als Allegorie auf die Menschwerdung eines Affen unter Zwang interpretiert werden. Allerdings steht in Hauffs Erzählung die Konfrontation eines bürgerlich-konservativen Umfelds mit dem Fremden und der Umgang mit ihm im Mittelpunkt der Geschichte. Anders als Kafkas Rotpeter hat Hauffs Affe keine eigene Stimme: Er kann weder lesen noch schreiben, noch spricht er.

---

24 Der Text findet sich im Internet unter: http://gutenberg.spiegel.de/etahoff/kreisler/kreis24.htm [Stand: März 2007].

25 Der Text findet sich im Internet unter: http://gutenberg.spiegel.de/hauff/erzaehlg/englndr.htm [Stand: März 2007].

2.2 Inhaltsangabe

Kafkas Erzählung ist der Bericht eines Affen namens Rotpeter an eine (nicht näher bestimmte) Akademie, also an eine Vereinigung von Wissenschaftlern. Er berichtet darin über sein Leben unter den Menschen: von seiner Gefangennahme als wilder Affe an der afrikanischen Goldküste durch einen Expeditionstrupp der Firma Hagenbeck aus Hamburg bis zu seinem jetzigen Wirken als ein der Sprache mächtiger, erfolgreicher Varietékünstler.

Die respektvolle Anrede zu Beginn der Erzählung informiert über die Erzählsituation: „Hohe Herren von der Akademie! / Sie erweisen mir die Ehre, mich aufzufordern, der Akademie einen Bericht über mein äffisches Vorleben einzureichen." (S. 50) Zunächst entschuldigt sich der Erzähler-Protagonist, dass er der Aufforderung der Wissenschaftler nicht in ihrem ursprünglichen Sinne nachkommen kann, hat er doch inzwischen jede Erinnerung an sein Affentum verloren bzw. ablegen müssen, um sich vollkommen an die Menschenwelt anpassen zu können. Diese Leistung war nur möglich durch Aufgabe allen „Eigensinn(s)" (S. 50), ein Joch, dem er sich als „freier Affe" (S. 50) fügte. Inzwischen wäre ihm eine Rückkehr zum Affendasein gar nicht mehr möglich, allerdings wünscht er eine solche Rückkehr auch nicht mehr.

> Vorbemerkungen Rotpeters an die Herren von der Akademie

> *„(...) wohler und eingeschlossener fühlte ich mich in der Menschenwelt; der Sturm, der mir aus der Vergangenheit nachblies, sänftigte sich; heute ist es nur ein Luftzug, der mir die Fersen kühlt; und das Loch in der Ferne, durch das er kommt und durch das ich einstmals kam, ist so klein geworden, dass ich, wenn*

2.2 Inhaltsangabe

> *überhaupt die Kräfte und der Wille hinreichen würden, um bis dorthin zurückzulaufen, das Fell vom Leib mir schinden müsste, um durchzukommen."* (S. 50)

Der Erzähler betont, dass ihm sein Affentum nicht ferner sein kann als den Herren ihr eigenes Affentum, sofern sie etwas Derartiges hinter sich haben. Obwohl er also der ursprünglichen Anfrage (nach seinem „äffischen Vorleben") nicht nachkommen kann, beantwortet er sie der Akademie dennoch „mit großer Freude" (S. 51). Er erinnert die Herren der Akademie an die Bedeutung des menschlichen Handschlags und kündigt seinen Bericht als ein dem Handschlag vergleichbares „offene(s) Wort" (S. 51) an. Sein Bericht „soll die Richtlinie zeigen, auf welcher ein gewesener Affe in die Menschenwelt eingedrungen ist und sich dort festgesetzt hat." (S. 51) Er weiß aber, dass er sich seine Offenheit nur aufgrund seiner inzwischen erworbenen „Stellung auf allen großen Varietébühnen der zivilisierten Welt" (S. 51) leisten kann.

Gefangennahme Rotpeters

Für den Bericht über seine Gefangennahme ist der Erzähler auf Aussagen Dritter angewiesen, eigene Erinnerungen daran hat er nicht mehr. Der Affe nennt zunächst den Ort seiner Herkunft: die Goldküste. Eine „Jagdexpedition der Firma Hagenbeck" (S. 51) verwundete den Affen dort durch zwei Schüsse – einer trifft ihn in die Wange und einer „unterhalb der Hüfte" (S. 52) – und nimmt ihn gefangen. Aufgrund der roten Narbe, die der Affe auf der Wange zurückbehält, erhält er den Namen Rotpeter: „so als unterschiede ich mich von dem unlängst krepierten, hie und

2.2 Inhaltsangabe

da bekannten, dressierten Affentier Peter nur durch den roten Fleck auf der Wange." (S. 51)[26]

Der zweite Schuss in die Hüfte führt dazu, dass der Erzähler bis heute beim Gehen hinkt. Für einen Journalisten, der in der Freimütigkeit, mit der der Erzähler vor Besuchern seine Hose auszieht, um seine Schusswunde zu präsentieren, Reste der ursprünglichen Affennatur Rotpeters erkennen will, hat der Erzähler nur Verachtung übrig. „Dem Kerl sollte jedes Fingerchen seiner schreibenden Hand einzeln weggeknallt werden." (S. 52)

> „Alles liegt offen zutage; nichts ist zu verbergen; kommt es auf Wahrheit an, wirft jeder Großgesinnte die allerfeinsten Manieren ab. Würde dagegen jener Schreiber die Hosen ausziehen, wenn Besuch kommt, so hätte dies allerdings ein anderes Ansehen, und ich will es als Zeichen der Vernunft gelten lassen, dass er es nicht tut." (S. 52)

Erst von diesem Zeitpunkt an, d. h. nach seiner Gefangennahme, kann der Erzähler auf eigene Erinnerungen seiner Lebensgeschichte zurückgreifen. Der Affe erwacht in einem engen, niedrigen Käfig im Zwischendeck eines Dampfers. Schmerz und Angst bestimmen die neue, ihm bislang unbekannte Situation. Rückblickend äußert sich der Erzähler gegenüber der Akademie über diese Erfahrung mit den Worten: „Man hält eine solche Verwahrung wilder Tiere in der allerersten Zeit für vorteilhaft, und ich kann heute nach meiner Erfahrung nicht leugnen, dass dies im menschlichen Sinn tat-

> Rotpeter im Käfig:
> Suche nach einem Ausweg

---

[26] Einen dressierten Affen dieses Namens gab es wirklich; vermutlich hat Kafka den seinerzeit berühmten „Konsul Peter" bei einem Gastspiel in Prag selbst gesehen. Vgl. Bauer-Wabnegg, *Monster und Maschinen*, S. 353.

2.2 Inhaltsangabe

sächlich der Fall ist." (S. 52 f.) Seine ersten Beschäftigungen im Käfig sind „dumpfes Schluchzen, schmerzhaftes Flöhesuchen, müdes Lecken einer Kokosnuss, Beklopfen der Kistenwand mit dem Schädel, Zungen-Blecken, wenn mir jemand nahekam" (S. 53). Zentral ist jedoch das für ihn neue Gefühl, keinen Ausweg zu haben:

> „Ich kann natürlich das damals affenmäßig Gefühlte heute nur mit Menschenworten nachzeichnen und verzeichne es infolgedessen, aber wenn ich auch die alte Affenwahrheit nicht mehr erreichen kann, wenigstens in der Richtung meiner Schilderung liegt sie, daran ist kein Zweifel." (S. 53)

Die Suche nach dem Grund für seine Gefangenschaft gibt der Affe bald auf, da er sie doch nicht beantworten kann. Dafür konzentriert er sich ganz darauf, einen „Ausweg" (aus dem Käfig) zu finden, „denn ohne ihn konnte ich nicht leben." (S. 53) Da er vermutet, dass Affen bei Hagenbeck in den Käfig gehören, „hörte ich auf, Affe zu sein." (S. 54) Um von den Herren der Akademie nicht missverstanden zu werden, grenzt der Erzähler den Begriff „Ausweg" von dem der „Freiheit" ab. „Freiheit" war und ist nicht sein Ziel.

> „Nebenbei: mit Freiheit betrügt man sich unter Menschen allzuoft. Und so wie die Freiheit zu den erhabensten Gefühlen zählt, so auch die entsprechende Täuschung zu den erhabensten." (S. 54)

Er verdeutlicht diese Einsicht am Beispiel von Trapezkünstlern, die er inzwischen in den Varietés kennen gelernt hat und deren Kunstfertigkeit im Allgemeinen Freiheit symbolisieren soll.

Doch: „Kein Bau würde standhalten vor dem Gelächter des Affentums bei diesem Anblick." (S. 54)

Nachdem der im Käfig sitzende Rotpeter einmal den Entschluss gefasst hat, einen „Ausweg" zu finden, wird er durch die Ruhe, die auf dem Schiff herrscht und auf ihn übergeht, in die Lage versetzt, die Menschen außerhalb seines Käfigs zu beobachten. Dies ist eine Voraussetzung dafür, entkommen zu können. Seine Entführer bewertet er im Rückblick als „gute Menschen, trotz allem." (S. 55)

Die Ruhe an Bord hält Rotpeter von jedem Fluchtversuch ab, da er ahnt, dass ein solcher selbst bei Erfolg auf offenem Meer sinnlos wäre. Dafür schließt er aus dem Anblick der ungestört umhergehenden Menschen, dass auch ihm dieses erlaubt werde, könnte er bloß so werden wie sie. In diesem Ziel sieht er jedoch nur einen „Ausweg", nicht die „Freiheit":

> „Nun war an diesen Menschen an sich nichts, was mich sehr verlockte. Wäre ich ein Anhänger jener erwähnten Freiheit, ich hätte gewiss das Weltmeer dem Ausweg vorgezogen, der sich mir im trüben Blick dieser Menschen zeigte." (S. 56)

An die Phase des Beobachtens schließt sich schon bald die der Nachahmung menschlichen Verhaltens an. Zum Vergnügen seiner Zuschauer lernt Rotpeter schnell, zu spucken und zu rauchen. Ein schwierigerer, aber für seine Entwicklung wichtiger Schritt ist es, nach Menschenart aus der Schnapsflasche trinken zu können. Ein Mitglied der Schiffsmannschaft wird dabei zu einer Art Lehrer für ihn, da er ihm das Entkorken der Flasche und das Aus-ihr-Trinken immer wieder vorführt. Mit verzweifelter Aufmerksamkeit sieht ihm Rotpeter dabei zu („einen solchen Menschenschüler findet kein Menschenlehrer

Menschwerdung Rotpeters durch Nachahmung

2.2 Inhaltsangabe

auf dem ganzen Erdenrund", S. 57), doch ist der Affe – „ermattet von allzu großem Verlangen" (S. 57) – zunächst nur fähig, dem „theoretischen Unterricht" (S. 57) zu folgen. Die praktische Nachahmung scheitert vorerst daran, dass sich Rotpeter vor dem Geruch des Alkohols ekelt und die Flasche wegwirft. Zur Strafe hält ihm sein Lehrer die brennende Pfeife ans Fell, löscht die entstehenden Flammen aber gleich wieder aus: „Er war mir nicht böse, er sah ein, dass wir auf der gleichen Seite gegen die Affennatur kämpften und dass ich den schwereren Teil hatte" (S. 58), entschuldigt Rotpeter im Rückblick diese Handlung seines Lehrers. Ein Triumph für beide ist es, als er eines Abends, während eines Festes, bei dem ein Grammofon spielt, eine in der Nähe seines Käfigs stehende Schnapsflasche ergreift und sie wie ein geübter Trinker ohne abzusetzen leert. Berauscht ruft er seinen überraschten Zuschauern ein „Hallo!" zu. Ihr „Hört nur, er spricht!" (S. 58 f.) fühlt er „wie einen Kuss auf meinem ganzen schweißtriefenden Körper" (S. 59).

Noch einmal erinnert der Erzähler die Herren von der Akademie daran, dass er die Menschen nur deshalb nachahmte, weil er einen Ausweg suchte, nicht, weil ihm die Menschen an sich nachahmenswert erschienen.

Karriere als Varietékünstler In Hamburg angekommen, so führt der Erzähler seinen Bericht fort, entscheidet er sich für das Varieté und gegen den Zoo, da dieser für ihn erneut den Käfig bedeuten würde.

„Und ich lernte, meine Herren. Ach, man lernt, wenn man muss; man lernt, wenn man einen Ausweg will; man lernt rücksichtslos. Man beaufsichtigt sich selbst mit der Peitsche; man zerfleischt sich beim geringsten Widerstand. Die Affennatur raste, sich überkugelnd, aus mir hinaus und weg, sodass mein erster Lehrer selbst davon fast äffisch wurde, bald den Unterricht auf-

> *geben und in eine Heilanstalt gebracht werden musste. Glücklicherweise kam er wieder bald hervor."* (S. 59)

Als neuer Varietékünstler ‚verbraucht' Rotpeter viele Lehrer, lässt sich in seinem Eifer sogar von mehreren Lehrern parallel unterrichten. Er betont die Vorzüge der Wissensaneignung, durch die seine „Zukunft zu leuchten begann" (S. 59), hervorgerufen durch das „Eindringen der Wissensstrahlen von allen Seiten ins erwachende Hirn!" (S. 59) Inzwischen hat Rotpeter durch seine außerordentlichen Anstrengungen „die Durchschnittsbildung eines Europäers erreicht." (S. 60) Eine Alternative zu diesem Weg gab es für ihn nicht, nur „diesen besonderen Ausweg, diesen Menschenausweg" (S. 60).

Am Ende seines Berichts informiert der Erzähler über seinen Alltag in der Gegenwart. Er genießt sein gemütliches Zuhause und empfängt gern Besucher. Im Vorzimmer sitzt sein Impresario, also sein Agent, und Rotpeter läutet ihm, wenn er Wünsche hat. Abends gibt er immer erfolgreicher werdende Vorstellungen, anschließend besucht er Bankette oder wissenschaftliche Gesellschaften.

> *„[Daheim] erwartet mich eine kleine halb dressierte Schimpansin, und ich lasse es mir nach Affenart bei ihr wohlgehen. Bei Tag will ich sie nicht sehen; sie hat nämlich den Irrsinn des verwirrten dressierten Tieres im Blick; das erkenne nur ich, und ich kann es nicht ertragen."* (S. 60)

Rotpeter betont zum Schluss seine Zufriedenheit mit dem, was er erreicht hat:

> Schlussbemerkung

2.2 Inhaltsangabe

> „Man sage nicht, es wäre der Mühe nicht wert gewesen. Im Übrigen will ich keines Menschen Urteil, ich will nur Kenntnisse verbreiten, ich berichte nur, auch Ihnen, hohe Herren von der Akademie, habe ich nur berichtet." (S. 60)

2.3 Aufbau

Um den inhaltlichen Aufbau der Erzählung *Ein Bericht für eine Akademie* leichter nachvollziehbar zu machen, werden in der grafischen Übersicht jeweils der Anfang und das Ende der Sinnabschnitte zitiert. Um Wiederholungen zu Kapitel 2.2 Inhaltsangabe zu vermeiden, wird der Inhalt hier nur kurz skizziert. Dass es sich bei Rotpeters *Bericht* nicht um eine Rede, sondern um einen geschriebenen Text handelt, wird aus dem ersten Satz der Erzählung deutlich.[27] Die erzählte Zeit umspannt die knapp fünf Jahre von Rotpeters Gefangennahme an der afrikanischen Goldküste bis zur Gegenwart des Erzählers. Die Chronologie wird mehrmals durch Vorausblicke (vgl. z. B. S. 51) unterbrochen. Einige Erzählpassagen wie z. B. die Gefangennahme an der Goldküste, sind vom Erzähler stark gerafft, andere wie das Erlernen des Schnapstrinkens werden von ihm dagegen vergleichsweise ausführlich wiedergegeben.

Textabschnitt von (...) bis[28]	Inhalt
Vorbemerkungen Rotpeters an die Herren von der Akademie	
„Hohe Herren (...) Vorleben einzureichen." (S. 50, Z. 1–5)	Anrede des Affen Rotpeter an die Akademie, die einen Bericht über sein Vorleben als Affe erwartet.
„In diesem Sinne kann ich leider der Aufforderung	Rotpeter gesteht, dass er, um den Menschen gleich werden zu kön-

---

27 Darauf sei auch deshalb hingewiesen, weil der *Bericht* seit Kafkas Lebzeiten bis heute ein beliebtes Solostück für Schauspieler und Rezitatoren ist.
28 Die Seitenhinweise werden hier durch Zeilenangaben ergänzt.

2.3 Aufbau

"(...) das Fell vom Leib mir schinden müsste, um durchzukommen." (S. 50, Z. 6–31)	nen, seine Erinnerungen an sein äffisches Vorleben vergessen musste.
"Offen gesprochen, so gerne ich auch Bilder wähle (...) und ich tue es sogar mit großer Freude." (S. 50, Z. 31– S. 51, Z. 8)	Der Affe unterstellt, dass sich auch die Herren von der Akademie einmal von einem Affentum entfernt haben, und stellt sich so mit ihnen auf eine Stufe.
"Das erste, was ich lernte, war: (...) bis zur Unerschütterlichkeit gefestigt hätte:" (S. 51, Z. 8–21)	Der Affe will seinen Bericht als offenes Wort verstanden wissen, den er sich aufgrund seiner inzwischen erreichten Stellung in der Menschenwelt leisten zu können glaubt.

Gefangennahme Rotpeters

"Ich stamme von der Goldküste (...) ein wenig hinke." (S. 51, Z. 22–S. 52, Z. 3)	Der eigentliche Bericht beginnt. Der Affe nennt den Ort seiner Herkunft und schildert, wie er von Hagenbecks Jägern durch Schüsse verwundet und gefangen wurde.
"Letzthin las ich in einem Aufsatz (...) Zartsinn vom Halse bleiben!" (S. 52, Z. 3–22)	Rotpeter berichtet, dass er in den Medien als Sensation gilt, und empört sich darüber, dass es in der Wahrnehmung seiner Person in

2.3 Aufbau

	erster Linie immer noch um sein Vorleben als Affe geht und ihm tierisches Verhalten unterstellt wird.

Rotpeter im Käfig: Suche nach einem Ausweg

„Nach jenen Schüssen erwachte ich (...) liegt sie, daran ist kein Zweifel." (S. 52, Z. 23–S. 53, Z. 26)	Der Affe Rotpeter berichtet über die hoffnungslose erste Zeit seines Aufenthalts im Käfig unter Deck des Schiffes, das ihn nach Hamburg bringt.
„Ich hatte doch so viele Auswege (...) angedrückt an eine Kistenwand." (S. 53, Z. 27–S. 54, Z. 30)	Rotpeter erklärt, was er in seiner verzweifelten Lage unter dem Begriff „Ausweg" verstand und warum er nicht nach „Freiheit" strebte.
„Heute sehe ich klar: (...) erst in die bestimmte Richtung." (S. 54, Z. 31–S. 56, Z. 29)	Angesteckt von der Ruhe der Mannschaft auf dem Schiff, beruhigt sich Rotpeter, und er beginnt, die Menschen und ihr Verhalten zu beobachten. Fluchtgedanken liegen ihm fern.

Menschwerdung Rotpeters durch Nachahmung

„Es war so leicht, (...) und dass ich den schwereren Teil hatte." (S. 56, Z. 30–S. 58, Z. 19)	Der Affe Rotpeter schildert, wie er menschliches Verhalten nachahmt und dabei einen geduldigen Lehrer unter der Besatzung findet.

2.3 Aufbau

Was für ein Sieg dann allerdings für ihn (...) war mir ein für allemal gegeben." (S. 58, Z. 20–S. 59, Z. 10)	Die erste Aufführung von erlerntem menschlichen Verhalten (das Austrinken einer Schnapsflasche) und das erste gesprochene Wort legen die Richtung seiner Weiterentwicklung fest und lassen Rotpeter zum „Künstler" werden.
Karriere als Varietékünstler	
„Als ich in Hamburg (...) nicht die Freiheit zu wählen war." (S. 59, Z. 11–S. 60, Z. 12)	Rotpeter berichtet, dass er sich gegen den Zoo und für das Varieté entschied. Er schildert, dass eine Phase intensiven Lernens seiner Künste durch diverse Lehrer folgte, die sehr erfolgreich war.
„Überblicke ich meine Entwicklung (...) und ich kann es nicht ertragen." (S. 60, Z. 13–28)	Rotpeter berichtet stolz von seiner jetzigen komfortablen Lebenssituation als erfolgreicher Künstler mit eigenem Impresario und einer Schimpansin als Geliebten.
Schlussbemerkung	
„Im Ganzen habe ich jedenfalls erreicht (...) habe ich nur berichtet." (S. 60, Z. 29–33)	In seinem abschließenden Satz an die Akademie stellt der Affe heraus, dass es ihm nur um die Berichterstattung ging und dass er kein Urteil von den hohen Herren erwartet.

2.4 Personenkonstellation und Charakteristiken

Der Affe Rotpeter ist der Ich-Erzähler in Kafkas *Ein Bericht für eine Akademie*. Aus seiner Perspektive berichtet er an die hohen Herren von der Akademie über sein Leben. Alle nachfolgend aufgeführten Figuren werden demzufolge von Rotpeter selbst innerhalb seines Berichts genannt und durch ihn charakterisiert.

Der Affe Rotpeter

Der Ich-Erzähler berichtet retrospektiv über seinen Werdegang seit seiner Gefangennahme vor knapp fünf Jahren. Er ist ein Schimpanse, der Sprechen und Schreiben gelernt hat. Seine Fänger haben ihm während der Schiffsüberfahrt den Namen Rotpeter gegeben. Das, was er selbst am Ende seiner Ausführungen als bloßen Bericht resümiert, ist in Wahrheit mehr: Rotpeter reflektiert sein Leben nach seiner Gefangennahme durch die Jagdexpedition unter den Menschen und hält seinen (menschlichen) Lesern dabei (absichtlich oder unabsichtlich) den Spiegel vor. Während seines einseitigen, subjektiven ‚Berichts' ändert sich seine Stimmung und mit ihr auch der Ton seiner Schilderung. So freut er sich zu Beginn seiner Ausführung und bemüht sich, dem Auftrag der Akademie Folge zu leisten (vgl. S. 51). Denkbar wäre jedoch auch, diese Bekundung als Ausdruck von Ironie oder gar von Sarkasmus zu deuten, da das, was er den Menschen zu sagen hat, für diese alles andere als schmeichelhaft ist.

> mehr als ein Bericht: Rotpeter reflektiert Leben nach der Gefangennahme

Der „Verzicht auf jeden Eigensinn" (S. 50) und damit auf seine Affennatur ist für Rotpeter nach seiner Gefangennahme die Grundvoraussetzung, die es ihm ermöglicht, in die Menschenwelt einzudringen und sich dort zu behaupten (vgl. S. 51).

2.4 Personenkonstellation und Charakteristiken

Gleichzeitig hat dieser Verzicht auf den eigenen Willen mehrere Einschränkungen zur Folge. Einerseits kann er aufgrund des damit einhergehenden Verlusts seiner Erinnerungen an sein Leben als freier Affe den Bericht nicht so gestalten, wie es die Akademie verlangt hat. Andererseits ist ihm eine Rückkehr in seine ursprüngliche Welt unmöglich geworden (vgl. S. 50). Um sein Ziel, dem Käfig zu entkommen, zu erreichen, wird Rotpeter am Ende gleichsam sein eigener Dresseur und Herr, der sich selbst diszipliniert und seine ursprüngliche Natur austreibt: „Man beaufsichtigt sich selbst mit der Peitsche; man zerfleischt sich beim geringsten Widerstand. Die Affennatur raste, sich überkugelnd, aus mir hinaus (...)." (S. 59) Mittels detailreicher Beispiele schildert der Affe seinen Prozess der Menschwerdung, der sich durch Beobachtung und Nachahmung bereits auf dem Schiff vollzieht. Erstmals handelt Rotpeter nicht mehr als „Verzweifelter, sondern als Künstler" (S. 58), als er menschliches Trinkverhalten nachahmt und das Wort „Hallo" (S. 58) ausruft. Dass er den geistigen Wandlungsprozess vom Mensch zum Tier bereits während des Transports vollzogen hat, zeigt sich, als er in Hamburg angekommen, bewusst die Entscheidung fällt, im Varieté zu arbeiten:

> „Als ich in Hamburg dem ersten Dresseur übergeben wurde, erkannte ich bald die zwei Möglichkeiten, die mir offenstanden: Zoologischer Garten oder Varieté. Ich zögerte nicht. Ich sagte mir: Setze alle Kraft an, um ins Varieté zu kommen; das ist der Ausweg; Zoologischer Garten ist nur ein neuer Gitterkäfig; kommst du in ihn, bist du verloren." (S. 59)

Es gibt Hinweise darauf, dass Rotpeter in Bezug auf seinen Körper noch Affe geblieben ist. Sein Handeln wird durch sein Bewusstsein bestimmt, teilweise aber durch nicht zu unter-

2.4 Personenkonstellation und Charakteristiken

drückende Instinkte geleitet, wie seine Beziehung zu der „halb dressierte(n) Schimpansin" (S. 60) zeigt. Allerdings ließe sich seine ungleiche Beziehung zu seiner Artgenossin auch als Karikatur der um 1900 üblichen Geschlechterverhältnisse deuten, innerhalb derer meist allein dem Mann Subjektstatus zukam und die Frau dem Mann untergeordnet war.

Rotpeters Bericht hat stellenweise philosophischen Charakter, etwa wenn er über Begriffe wie Freiheit sinniert: „Und so wie die Freiheit zu den erhabensten Gefühlen zählt, so auch die entsprechende Täuschung zu den erhabensten." (S. 54) Teilweise ist er von lakonischen, resignativen Kommentaren durchzogen. Dies wird besonders am Ende deutlich, wenn er Bilanz zieht: „Überblicke ich meine Entwicklung und ihr bisheriges Ziel, so klage ich weder, noch bin ich zufrieden." (S. 60) Dennoch wird an seinem Bericht der Stolz auf die erreichte Leistung deutlich:

> Stolz und Überlegenheit

Rotpeter tritt auf als jemand, der sich durchaus nicht als dem Menschen unterlegen fühlt. Vielmehr spricht er zu den hohen Herren wie zu seinesgleichen (vgl. S. 51): Damit verstößt er gegen die Erwartungen seiner Adressaten ebenso wie gegen die des Lesers. Dass er darüber hinaus den Affen dem Menschen – der ‚Krone der Schöpfung' – prinzipiell für überlegen hält, wird daraus deutlich, dass er dem Menschen im Unterschied zu dem in der Wildnis lebenden Affen die Freiheit abspricht (vgl. S. 50 und v. a. S. 54). Und seine Beobachtungen an Bord des Dampfers – etwa über die Art der Menschen, sich die Augen zu reiben oder zu husten – erinnern an die Neugier eines Tierforschers, stellen also die Tier-Mensch-Hierarchie auf den Kopf. Durch den Hinweis auf die von ihm zu ihnen springenden Flöhe schafft der Erzähler eine Verbindung zwischen sich und seinen Jägern und damit eine Parallele zwischen Mensch und Tier.

2.4 Personenkonstellation und Charakteristiken

Die hohen Herren von der Akademie

Mit der Anrede „Hohe Herren von der Akademie" beginnt der Ich-Erzähler seinen Bericht und nennt dadurch gleichzeitig seine Adressaten. Um welche Akademie es sich handelt, wird nicht gesagt. So ordnet Kafka die Erzählsituation einerseits im Wissenschaftsbetrieb ein und benennt gleichzeitig ein geläufiges und gesellschaftlich akzeptiertes Instrument von Beurteilungsverfahren. Weitere Informationen über die Akademiemitglieder kann der Leser Rotpeters Bericht lediglich indirekt entnehmen. Gefordert hat die Akademie einen Bericht über sein „äffisches Vorleben" (S. 50) – und nicht, wie man annehmen könnte, über seine im Vergleich wesentlich erstaunlichere Menschwerdung. Die Wissenschaftler scheinen demnach Rotpeter weiterhin auf seine äffische Natur reduzieren zu wollen. Dies lässt auf ein unverändert vorhandenes Überlegenheitsbewusstsein der Wissenschaftler gegenüber dem sprechenden und in Varietés auftretenden Affen schließen, das mit Blick auf Rotpeters Bericht kaum mehr als eine schmeichelhafte Selbsttäuschung ist. Ironischerweise erteilt Rotpeter denn auch dem Wunsch der Herren eine Absage und eröffnet ihnen bedauernd, dass sein Bericht vermutlich nicht den Ansprüchen der Akademie gerecht werden wird, da er seine Erinnerungen an seine Zeit als freier Affe verloren habe: Sein Bericht „wird für die Akademie nichts wesentlich Neues beibringen und weit hinter dem zurückbleiben, was man von mir verlangt hat und was ich beim besten Willen nicht sagen kann" (S. 51). Ein Urteil über sein Leben lehnt der Affe am Ende des Berichts ausdrücklich ab und spricht damit den Akademiemitgliedern die Beurteilungskompetenz ab: „Im Übrigen will ich keines Menschen Urteil, ich will nur Kenntnisse verbreiten, ich berichte nur, auch Ihnen, hohe Herren von der Akademie, habe ich nur berichtet." (S. 60)

2.4 Personenkonstellation und Charakteristiken

Die Journalisten

Der Affe Rotpeter spricht in seinem Bericht von „einem Aufsatz irgendeines der zehntausend Windhunde, die sich in den Zeitungen über mich auslassen" (S. 52). Er stellt dadurch zum einen das Medieninteresse an seiner Person dar. Zum anderen formuliert er aber eine scharfe Kritik an der unsachlichen und nicht wahrheitsgemäßen Berichterstattung: „Alles liegt offen zutage; nichts ist zu verbergen; kommt es auf Wahrheit an, wirft jeder Großgesinnte die allerfeinsten Manieren ab." (S. 52) Wie Rotpeters Bericht deutlich macht, sind die Journalisten aber gerade an der Wahrheit nicht interessiert, beurteilen vielmehr Rotpeters Verhaltensweisen ganz aus der Perspektive ihrer menschlichen Vorurteile. Für sie ist er immer noch das Tier, der Affe aus der Wildnis, und kein ihnen gleichgestelltes Individuum. Rotpeters Empörung darüber (vgl. S. 52), zeigt seine Verletzlichkeit, wenn es um seinen inzwischen erreichten Status geht.

> menschliche Vorurteile gegenüber Rotpeter

Die Jagdexpedition der Firma Hagenbeck

Als seine Jäger benennt Rotpeter die Mitglieder der Jagdexpedition der Firma Carl Hagenbeck aus Hamburg. Ihre Berichte über seine Gefangennahme und die erste Phase seiner Gefangenschaft ersetzen ihm seine inzwischen verlorene, eigene Erinnerung. „Darüber, wie ich eingefangen wurde, bin ich auf fremde Berichte angewiesen." (S. 51) Eine Information, die der Affe aus dieser Quelle weitergibt, ist die Einschätzung der Expeditionsmitglieder hinsichtlich Rotpeters Dressurfähigkeit:

> „Ich soll, wie man mir später sagte, ungewöhnlich wenig Lärm gemacht haben, woraus man schloss, dass ich entweder bald ein-

2.4 Personenkonstellation und Charakteristiken

> *gehen müsse oder dass ich, falls es mir gelingt, die erste kritische Zeit zu überleben, sehr dressurfähig sein werde."* (S. 53)

Groll oder Wut hegt er seinen Jägern gegenüber nicht, vielmehr wird deutlich, dass Rotpeter auch noch zum Zeitpunkt seiner Berichterstattung Kontakt zu ihnen hält: „Eine Jagdexpedition der Firma Hagenbeck – mit dem Führer habe ich übrigens seither schon manche gute Flasche Rotwein geleert (...)" (S. 51).

Die Schiffsmannschaft

Die Größe der Schiffsmannschaft und ihre Zusammensetzung werden von Rotpeter nicht näher erläutert. Zwischen den einzelnen Personen kann er zunächst nicht differenzieren: „Immer die gleichen Gesichter, die gleichen Bewegungen, oft schien es mir, als wäre es nur einer." (S. 56) Diese Worte könnten ebenso von Menschen über Tiere im Zoo geäußert werden. Betrachtet man, so wie der Berichtende, die Menschen von außen, d. h. nicht als Artgenosse, erscheinen alle gleich. Indem Rotpeter sich diese Perspektive zu eigen macht, spricht er dem Menschen seine Individualität ab und enttarnt diese als ein vom Menschen selbst erdachtes Konstrukt. Rotpeters Worte, wenn er die Menschen beschreibt, könnten die eines Verhaltensforschers sein. In ihnen spiegelt sich der scheinbar wohlwollende, tatsächlich aber zynische Blick des Menschen auf das gefangene Tier, welches domestiziert werden soll:

> *„Sie hatten die Gewohnheit, alles äußerst langsam in Angriff zu nehmen. Wollte sich einer die Augen reiben, so hob er die Hand wie ein Hängegewicht. Ihre Scherze waren grob, aber herzlich. Ihr Lachen war immer mit einem gefährlich klingenden, aber nichts bedeutenden Husten gemischt. Immer hatten sie im Mund etwas zum Ausspeien, und wohin sie ausspien, war ihnen gleich-*

2.4 Personenkonstellation und Charakteristiken

gültig. (...) Wenn sie dienstfrei waren, setzten sich manchmal einige im Halbkreis um mich nieder; sprachen kaum, sondern gurrten einander nur zu (...)." (S. 55)

Das Einzige, was Rotpeter an diesen Menschen beneidet, ist, dass sie nicht in einem Käfig leben müssen, sondern frei umhergehen dürfen: Nur deshalb will er so werden wie sie und ahmt sie nach (vgl. S. 56 u. S. 59).

Rotpeters Lehrer und Dresseure

Bezeichnenderweise unterscheidet Rotpeter zwischen Lehrern und Dresseuren: Dressiert werden Tiere, unterrichtet dagegen Menschen. Nachdem er in Hamburg seinem ersten (und einzigen) Dresseur übergeben wird, entscheidet sich Rotpeter gegen den Zoo (und damit den Käfig) und für das Varieté. Er lehnt somit für sich die Position des dressierbaren Tieres ab. Alle folgenden Personen, die sich für seine Ausbildung verantwortlich zeigen, bezeichnet Rotpeter als Lehrer (unabhängig davon, ob sie diesen Beruf tatsächlich ausüben). Eine Vielzahl von Lehrern kreuzt seinen Weg. Sein erster Lehrer, der unabsichtlich den Prozess seiner Menschwerdung fördert, ist ein Mitglied der Schiffsmannschaft, das sich in seiner dienstfreien

> unabsichtlicher Unterrichtsbeginn

Zeit mit ihm beschäftigt: *„Aber da war einer, der kam immer wieder, allein oder mit Kameraden, bei Tag, bei Nacht, zu den verschiedensten Stunden; stellte sich mit der Flasche vor mich hin und gab mir Unterricht."* (S. 57) Bereitwillig und ausdauernd versucht dieser „Lehrer", der sich vermutlich nur die Zeit mit Rotpeter vertreibt und dem es in erster Linie nicht um dessen Wohlergehen geht, dem Affen das Schnapstrinken beizubringen. Die Strafen, die er Rotpeter bei Nichtgelingen zuteil werden lässt, werden von diesem akzeptiert: *„Wohl hielt er mir*

2.4 Personenkonstellation und Charakteristiken

manchmal die brennende Pfeife ans Fell, bis es (…) zu glimmen anfing, aber dann löschte er es selbst wieder mit seiner riesigen guten Hand" (S. 58). Überraschenderweise zieht Rotpeter dabei voller Verständnis eine Parallele zwischen seinem Lehrer und sich selbst: „Er [der Lehrer] sah ein, dass wir auf der gleichen Seite gegen die Affennatur kämpften und dass ich den schwereren Teil hatte." (S. 58) In Hamburg setzt Rotpeter seinen Unterricht bei verschiedenen anderen Lehrern, manchmal sogar bei mehreren gleichzeitig, fort. Ironischerweise zeigt sich nicht jeder von ihnen Rotpeters Lerntempo gewachsen. So wird sein erster Lehrer von dem intensiven Umgang mit Rotpeter und von dem Tempo, in dem die „Affennatur (…) sich überkugelnd" (S. 59) aus ihm hinausrast, selbst „fast äffisch" (S. 59).

Rotpeters Impresario

Über Rotpeters Impresario erfährt der Leser wenig, nur dass er ihm, wann immer er es möchte, zur Verfügung steht und bereitwillig seinen Wünschen lauscht: „Mein Impresario sitzt im Vorzimmer; läute ich, kommt er und hört, was ich zu sagen habe." (S. 60) Am Ende des *Berichts* schildert Rotpeter also, wie ein Mensch der angestellte Diener eines sprechenden Affen ist. Dies entspricht einer Umkehrung der üblichen Hierarchie.

Die halb dressierte Schimpansin

Rotpeters Schimpansin stellt, wie der Begriff „halb dressiert" deutlich macht, eine Art Zwitterwesen zwischen Affen- und Menschenwelt dar. So dient sie nach „Affenart" Rotpeter, wenn er „von Banketten, aus wissenschaftlichen Gesellschaften, aus gemütlichem Beisammensein nach Hause" (S. 60) kommt. Tagsüber darf sie sich aber nicht in seiner Nähe aufhalten, denn sie hat „den Irrsinn des verwirrten dressierten Tieres im Blick" (S. 60). Rotpeter, der fast zum Menschen gewordene Affe, hält

2.4 Personenkonstellation und Charakteristiken

sich demnach am Ende zu seinem Vergnügen selbst ein Tier. Die Schimpansin fungiert als Spiegelbild dessen, was Rotpeter verloren hat, nämlich seine „Affennatur", und zugleich entdeckt er in ihr die Unterjochung des freien Affen, der er selbst einmal war: „Das erkenne nur ich, und ich kann es nicht ertragen." (S. 60)

2.5 Sachliche und sprachliche Erläuterungen

Achilles (S. 51)	Griechischer Sagenheld der Antike, der von seiner Mutter, der Meergöttin Thetis, in das Wasser des Unterweltflusses Styx getaucht wird, das unverwundbar macht. Da sie ihn an der Ferse festhält, bleibt diese Stelle unbenetzt und damit verwundbar. Spricht man von der Achillesferse des Menschen, dann meint man seine schwache, verletzliche Stelle.
Goldküste (S. 51)	Name einer britischen Kronkolonie an der Westküste Afrikas (1879–1958). Heute: Republik Ghana.
Firma Hagenbeck (S. 51)	Carl Hagenbeck (1844–1913), berühmter Tierhändler und Gründer eines Zoos in Hamburg. Ausrichter von Völkerschauen, Erfinder der Freigehege.
Schwanzes (S. 53)	Zoologischer Irrtum Kafkas, Schimpansen haben keine Schwänze.
Hätte man mich angenagelt (…) (S. 53)	Vermutlich eine Anspielung auf die Kreuzigung von Jesus Christus.
Schnapsflasche (S. 57)	Kafka verabscheute Alkohol ebenso wie Tabak und Fleisch.
Peitsche (S. 59)	Vgl. Kafkas Aphorismus Nr. 29 (s. Kapitel 5).
Impresario (S. 60)	Theater-, Konzertagent, der für einen Künstler die Verträge abschließt u. die Geschäfte führt.

2.6 Stil und Sprache

In dieser Erzählung lassen sich viele der Merkmale wiederfinden, die dem Leser auch in anderen Texten Kafkas begegnen: die ausgefeilten Satzkonstruktionen (Kafka war ein Meister der Syntax und ist darin Heinrich von Kleist verwandt) und die Akribie, mit der Kafka Sprache einsetzt, um die im Text vermittelten Inhalte wirkungsvoll zu unterstreichen.

> Kennzeichen der Prosa Kafkas

Kennzeichnend für Kafkas Prosa sind ebenso die komplexen Argumentationen seiner Protagonisten, mit denen sie sich rechtfertigen oder erklären. Mit der formaljuristischen Argumentation war der Autor aufgrund seiner Arbeit bei der Versicherung bestens vertraut;[29] in seinen literarischen Texten verwandelt sie sich aber oft genug in eine verwirrend paradoxe, abgründige Logik:

> *„Ein hohes Ziel dämmerte mir auf. Niemand versprach mir, dass, wenn ich so wie sie werden würde, das Gitter aufgezogen werde. Solche Versprechungen für scheinbar unmögliche Erfüllungen werden nicht gegeben. Löst man aber die Erfüllungen ein, erscheinen nachträglich auch die Versprechungen genau dort, wo man sie früher vergeblich gesucht hat."* (S. 56)

Stil und Sprache im *Bericht* werden vor allem von der besonderen Erzählsituation bestimmt: Der Affe Rotpeter, der erst durch das Erlernen der Sprache zu einem Mitglied der menschlichen Gesellschaft geworden ist, will die hohen Herren der Akademie durch seine sprachliche Raffinesse verblüffen, beeindrucken,

---

[29] Tatsächlich war Kafkas Stilsicherheit auch seinen Vorgesetzten bei der Versicherung wohl bekannt, weshalb sie gerade ihn jene Vorträge ausarbeiten ließen, mit denen sie dann bei Kongressen glänzen wollten. Vgl. Stach, S. 395.

2.6 Stil und Sprache

vielleicht sogar beschämen. Mit seiner Eloquenz signalisiert Rotpeter zugleich, dass er sich für gleichberechtigt hält. Rotpeters Sprachkompetenz spiegelt sich in den zahlreichen von ihm verwendeten rhetorischen Mitteln. Den von den hohen Herren gewünschten Bericht über sein „äffisches Vorleben" kann (oder will) der Erzähler nicht liefern, stattdessen verfolgt er in seiner Berichterstattung das Ziel, die Parallelen zwischen sich und seinen Zuhörern (und damit zugleich auch zu den heutigen Lesern) aufzuzeigen. Ein Ziel, das er z. B. mit seinen ironischen Äußerungen zu realisieren versucht wie: „An der Ferse aber kitzelt es jeden, der hier auf Erden geht: den kleinen Schimpansen wie den großen Achilles." (S. 51) Diese Ironie steigert sich bis zu sarkastischen oder gar zynischen Äußerungen, wenn Rotpeter seine grausame Unterbringung im Käfig mit den Worten kommentiert: „Man hält eine solche Verwahrung wilder Tiere in der allerersten Zeit für vorteilhaft, und ich kann heute nach meiner Erfahrung nicht leugnen, dass dies im menschlichen Sinn tatsächlich der Fall ist." (S. 52 f.)

Erwartet wird, wie im Titel der Erzählung angekündigt, ein Bericht, dem die Attribute sachlich und nüchtern zugeordnet werden können und in dem eine folgerichtige Darstellung eines Handlungsverlaufs ohne ausschmückende und deutende Überlegungen erfolgt (vgl. dazu den Schluss der Erzählung). Diese Erwartungshaltung des Lesers wird jedoch durchkreuzt von Reflexionen und Betrachtungen allgemeinen Charakters (vgl. S. 54) sowie von impulsiven Äußerungen (Gefühlsausbrüchen) des Erzählers (vgl. S. 52).

2.6 Stil und Sprache

Sprachliches Mittel/ Stil	Erklärung	Textbeleg[30]
Allegorie	Bildhaft belebte Darstellung eines abstrakten Begriffes.	„Oft habe ich in den Varietés vor meinem Auftreten irgendein Künstlerpaar (...) bei diesem Anblick." (S. 54, Z. 16–24)
Asyndeton	Mehrere parallele Satzteile stehen ohne verbindende Konjunktionen hintereinander. Diese werden stattdessen durch Kommata ersetzt.	„Dumpfes Schluchzen, schmerzhaftes Flöhesuchen, müdes Lecken einer Kokosnuss, Beklopfen der Kistenwand mit dem Schädel, Zungenblecken (...)" (S. 53, Z. 17–19)
Chiasmus	Überkreuzstellung korrespondierender Satzteile.	„Und tatsächlich verdanke ich vielleicht alles, was ich geworden bin, der Ruhe (...) Die Ruhe wiederum aber verdankte ich (...)" (S. 54, Z. 32–35) „(...) es verlockte mich nicht, die Menschen nachzuahmen; ich ahmte nach (...)" (S. 59, Z. 3–5)

---

30 Die Seitenhinweise werden an dieser Stelle durch Zeilenangaben ergänzt.

2.6 Stil und Sprache

Sprachliches Mittel/ Stil	Erklärung	Textbeleg
direkte Anrede	Verbale Bezeichnung des Kommunikationspartners, kennzeichnet den Adressaten, stellt Kontakt her. (Unterstreicht in der Erzählung den Berichtcharakter und verdeutlicht die Perspektive des Affen.)	„Hohe Herren von der Akademie! Sie erweisen mir die Ehre [...]" (S. 50, Z. 1-3) „Ihr Affentum, meine Herren (...)" (S. 51, Z. 1) „Ich berichte nur, auch Ihnen, hohe Herren (...)" (S. 60, Z. 32-33)
Euphemismus	Beschönigende Umschreibung einer unangenehmen Sache.	„(...) wohl hielt er mir manchmal die brennende Pfeife ans Fell (...) dann löschte er es [das glimmende Fell] selbst wieder mit seiner riesigen guten Hand" (S. 58, Z. 13-16)
Klimax	Steigerung des zuerst Gesagten durch das Folgende, und zwar inhaltlich und/oder vom Umfang her.	„Aber ich verbrauchte viele Lehrer, ja sogar einige Lehrer gleichzeitig." (S. 59, Z. 27-28)

2.6 Stil und Sprache

Sprachliches Mittel/ Stil	Erklärung	Textbeleg
Hyperbel	Inhaltliche Übertreibung, die als solche sofort zu erkennen ist.	„(...) streckenweise begleitet von vortrefflichen Menschen (...)" (S. 50, Z. 10–11) „Die Affennatur raste, sich überkugelnd, aus mir hinaus (...)" (S. 59, Z. 22)
Konjunktiv	Möglichkeitsform, stellt als Form und Aussageweise des Verbs ein Geschehen oder Sein nicht wie der Indikativ als wirklich dar, sondern als nicht wirklich (erwünscht, vorgestellt, von anderen nur behauptet o. Ä.).	„Man sage nicht, es wäre der Mühe nicht wert gewesen." (S. 60, Z. 30–31)
Ironie	Feiner, verdeckter Spott, mit dem man etwas dadurch zu treffen sucht, dass man es unter dem auffälligen	„Es wird für die Akademie nichts wesentlich Neues (...) und sich fortgesetzt hat." (S. 51, Z. 11–17)

2.6 Stil und Sprache

Sprachliches Mittel/ Stil	Erklärung	Textbeleg
	Schein der eigenen Billigung lächerlich macht; man sagt das Gegenteil von dem, was man meint.	
Metapher	Übertragung der Bedeutung eines Wortes in einen anderen, ihm eigentlich fremden Bereich, wodurch der Ausdruck vergleichend und bildhaft wird.	„(...) unendlich lang aber durchzugaloppieren (...) hielt sich, um im Bilde zu bleiben, weit vor der Barriere." (S. 50, Z. 9–13) „(...) der Sturm, der mir aus meiner Vergangenheit nachblies (...) und das Loch in der Ferne, durch das er kommt (...)" (S. 50, Z. 24–27)
Parallelismus	Paralleler Aufbau grammatisch-syntaktisch einander entsprechender Satzglieder.	„(...) kurz vielleicht am Kalender gemessen, unendlich lang aber (...)" (S. 50, Z. 7–8) „Das Ganze war zu niedrig zum Aufrechtstehen und zu schmal zum Niedersitzen." (S. 52, Z. 28–29)

2.6 Stil und Sprache

Sprachliches Mittel/ Stil	Erklärung	Textbeleg
rhetorische Frage	Frage, auf die keine Antwort erwartet wird, da sie nur zum Nachdenken anregen soll.	„Hätte man mich angenagelt, meine Freizügigkeit wäre dadurch nicht kleiner geworden. Warum das?" (S. 53, Z. 28–30) „Was wäre damit auch gewonnen gewesen?" (S. 55, Z. 35–S. 56, Z. 1)
Sentenz	Knapp und prägnant formulierte Erkenntnis, die aufgrund ihrer leichten Einprägsamkeit, auch aus dem Textzusammenhang gelöst, verständlich ist.	„Nebenbei: mit Freiheit betrügt man sich unter Menschen allzu oft." (S. 54, Z. 13–14) „Ach, man lernt, wenn man muss (...)" (S. 59, Z. 18–19)
solipsistische Wahrnehmung	Ichbezogene, sich selbst in den Mittelpunkt stellende Wahrnehmung (Solipsismus leitet sich aus dem Lateinischen ab: solus = allein; ipse = selbst).	„(...) hie und da nahm einer einen Stecken und kitzelte mich dort, wo es mir angenehm war." (S. 55, Z. 18–20)

2.6 Stil und Sprache

Sprachliches Mittel/ Stil	Erklärung	Textbeleg
szenisches Erzählen	(Verdeutlicht im *Bericht* die Ichbezogenheit des Affen, der die Motive des menschlichen Handelns ausblendet und nur aus seiner Perspektive urteilt.) Unterstreicht den performativen Charakter des Erzählten. Schafft Nähe zum geschilderten Geschehen.	„(...) nachdem die Flasche entkorkt war, hob er sie zum Mund; ich mit meinen Blicken ihm nach (...) während er den theoretischen Unterricht damit beendet, dass er sich den Bauch streicht und grinst." (S. 57, Z. 17–32)
Wechsel des Erzähltempus (vom Präteritum bzw. Perfekt ins Präsens)	Betont die Unmittelbarkeit des Berichts.	„(...) nachdem die Flasche entkorkt war, hob er sie zum Mund; ich mit meinen Blicken ihm nach bis in die Gurgel; er nickt, zufrieden mit mir (...)" (S. 57, Z. 17–19)

2.7 Interpretationsansätze

Kafkas Erzählung *Ein Bericht für eine Akademie* ist im Verlauf ihrer Rezeptionsgeschichte aus den unterschiedlichsten Perspektiven interpretiert worden (s. auch Kapitel 4). An ihr lässt sich die anhaltende Faszination für dieses literarische Werk veranschaulichen und zugleich die Schwierigkeit, einen Zugang zu ihm zu finden. Denn einerseits ist der *Bericht* wie die meisten Texte Kafkas im Hinblick auf seine sprachlichen und erzählerischen Mittel (s. Kapitel 2.6) klar strukturiert und arrangiert. Andererseits stellt die Erzählung ein in sich geschlossenes Ganzes dar, welches sich dem Leser erst nach mehrmaliger Lektüre zu erschließen beginnt. Im Folgenden soll ein repräsentativer Querschnitt der bislang von der Forschung präsentierten Interpretationsansätze gegeben werden.

2.7.1 Biografischer Ansatz: Kafka als Künstler und Junggeselle

Als Einstieg in die Interpretation der Erzählung eignet sich der von Rotpeter selbst formulierte Gegensatz zwischen den Begriffen „Ausweg" und „Freiheit", die gleichzeitig auch zentrale Motive darstellen:

> „Nein, Freiheit wollte ich nicht. Nur einen Ausweg; rechts, links, wohin immer; ich stellte keine anderen Forderungen; sollte der Ausweg auch nur eine Täuschung sein; die Forderung war klein, die Täuschung würde nicht größer sein. Weiterkommen, weiterkommen! Nur nicht mit aufgehobenen Armen stillstehen, angedrückt an eine Kistenwand." (S. 54)

2.7 Interpretationsansätze

Betrachtet man die Lebensgeschichte Kafkas und die zeitgeschichtlichen Kontexte der Erzählung (s. Kapitel 1.1 und 1.2), so wird deutlich, dass eine biografische Deutung des *Berichts* naheliegt. Kafka selbst bezeichnete seine Werke einmal als Darstellungen seines „traumhaften innern Lebens"[31], also seiner individuellen psychischen Konflikte und Problemlagen. So blieb ihm die ersehnte Freiheit, ausschließlich als (freier) Schriftsteller arbeiten zu können, versagt. Vor allem seine Arbeit als Versicherungsangestellter bei der „Arbeiter-Unfall-Versicherungs-Anstalt für das Königreich Böhmen" (AUVA), die er zur Sicherung seines Lebensunterhalts ausüben musste und die einen Großteil seines Tages in Anspruch nahm, ließ ihm wenig Zeit für das Schreiben. Auch sein schwieriges Verhältnis zu seinem Vater, der wenig Verständnis für die Berufung seines Sohnes hatte und der von seinem Sohn eine bürgerliche Existenz erwartete,[32] sowie seine schwache gesundheitliche Konstitution bestimmten maßgeblich sein Leben und verursachten oft monatelange Schreibpausen. Stets auf der Suche danach, seinen Platz in der Gesellschaft zu finden, versuchte Kafka ein möglichst angepasstes, ‚unauffälliges' Leben zu führen.

> Darstellung der inneren Konflikte Kafkas

Da ihm bewusst war, dass er die „Freiheit", sich ganz der Literatur widmen zu können, niemals erlangen würde, strebte er lange Zeit als „Ausweg" eine Heirat an. Die Gründung einer Familie hätte ihm zumindest eine gewisse Unabhängigkeit vom Elternhaus und gerade von seinem (in seinen Augen) übermächtigen Vater beschert; das Dasein als Junggeselle empfand er als Makel. Doch seine Bemühungen schlugen fehl. Seine Bestrebungen, eine feste Beziehung zu einer Frau aufzubauen, schei-

---
31 Zitiert nach: Koch, S. 186.
32 Kafka reflektiert über diese Beziehung in seinem berühmten, niemals abgesandten *Brief an den Vater*.

2.7 Interpretationsansätze

terten immer wieder, nicht zuletzt aufgrund seiner Angst, das Zusammenleben mit einer Frau könnte seinem Schreiben schaden und seine Literatur geradezu verhindern. Die zweimalig gelöste Verlobung mit Felice Bauer und die folgenden unglücklichen Beziehungen zu anderen Frauen legen den Gedanken nahe, dass es Kafka, auch aufgrund seiner Angst vor Sexualität, nicht möglich war, ein bürgerliches Leben zu führen.

In der Fiktion scheint jedoch zu gelingen, was dem Künstler im wahren Leben verwehrt blieb. Dem Affen Rotpeter glückt die Anpassung an seine Umgebung. Bereits auf dem Schiff der Jagdexpedition bemerkt er, dass er durch die Nachahmung menschlichen Verhaltens Wohlwollen unter der Mannschaft erzeugt. Das Erlernen des Schnapstrinkens (Kafka selbst war überzeugter Abstinenzler) wird als ein vom Affen selbst gewollter und eigenständig durchgeführter Lernprozess und nicht als bloße Dressur eines wilden Tieres durch einen Menschen geschildert. Die Hinwendung des Affen nach außen zu den Menschen vollzieht sich vor allem durch Beobachtung seiner Umgebung und Nachahmung des Verhaltens der Besatzung an Bord des Hagenbeckschen Dampfers (vgl. S. 56).

Das gefangene Tier wird zum Imitator der Menschen und kann auf diesem Weg Teil ihrer Gemeinschaft werden. Dennoch dürfte er auch als Künstler von der Gesellschaft niemals *ganz* akzeptiert werden. Rotpeter wird stets eine Sonderstellung innehaben. „Die Kunst ist Rotpeters Lebensrettung; sie ist aber auch Schranke und Begrenzung. Gerade weil er bloß Künstler und *entertainer* wird, rückt der Affe nie zum wirklich ebenbürtigen Menschen auf."[33] Addiert man diesen Gedanken zu seiner tierischen Herkunft, ist es eine doppelte Ausgrenzung. Die Parallelen zu Kafkas Biografie liegen auf der Hand: Auch er war

---
33 Sokel, S. 390.

2.7 Interpretationsansätze

ein im zweifachen Sinn Ausgegrenzter. Nicht nur sein Leben als ‚ewiger Junggeselle' machte ihn zum Außenseiter, sondern auch seine Tätigkeit als Schriftsteller bzw. Künstler. Rotpeter jedoch vermag sich anzupassen. Er ist am Ende zwar weder frei noch glücklich, lebt dafür aber ein zufriedenes, komfortabel bürgerliches Leben mit einer halbdressierten Schimpansin, die ihm zu Diensten ist. Für seine Anpassung muss er jedoch einen hohen Preis zahlen: Er verliert seinen „Eigensinn" (siehe hierzu auch Kapitel 2.7.3), der einer biografischen Lesart der Geschichte folgend für die Freiheit des Dichters stehen könnte. Würde der Literaturschaffende nach ihrem Postulat arbeiten, dann könnte ohne Zwang oder Wunsch zur Publikation geschrieben werden. Diese Vorstellung formuliert auch Kafkas Ideal eines Schriftstellerlebens. Aus dieser Perspektive betrachtet, bedeutet Rotpeters Karriere als Varietékünstler für den Autor Kafka lediglich eine Möglichkeit, die er aber aller Wahrscheinlichkeit nach als nicht erstrebenswert abgelehnt hätte.

psychoanalytische Lesart Psychoanalytisch interessierte Forscher, die Literatur biografisch, also über die psychischen (und sexuellen) Konflikte des Autors zu erklären versuchen, gehen darüber noch hinaus: Für sie ist z. B. Rotpeters Verwundung „unterhalb der Hüfte" (S. 52) die symbolische Darstellung eines traumatischen Kastrationserlebnisses, wie sie, nach Sigmund Freuds Lehre, jedem männlichen Individuum in seiner Kindheit (Ödipusphase) erfährt. Bei Kafka sei dieses Erlebnis so heftig ausgefallen, dass seine Sexualität dauerhaft gestört wurde, weshalb ihm später gelingende Beziehungen zu Frauen unmöglich waren. Ein anderer Psychoanalytiker, Günter Mecke, will im *Bericht* sogar die verschlüsselte Darstellung einer homosexuellen Vergewaltigung erkennen.

2.7 Interpretationsansätze

Vertreter des Ansatzes	Jahr	Ansatz in Stichpunkten
Hellmuth Kaiser	1931	• Rotpeters Verwundung steht für Kastrationserlebnis • Kafka erlitt als Kind einen besonders heftigen Kastrationsschock • dauerhafte Störung der Genitallibido (der Sexualität) • Sexualstörung des Autors wird auf Figuren projiziert • Ausweg: Triebsublimierung führt zu einem Artistendasein
Klaus-Peter Philippi	1966	• Daseinsform des Künstlers ermöglicht Rotpeter neue Existenz • Rotpeter als Schauspieler seiner selbst • *Bericht* als künstlerische Ausdrucksform des Lebens, das sich selbst zum Kunstgegenstand gemacht hat • Motiv des Affen steht in langer literarischer Tradition
Günter Wöllner	1971	• *Bericht* als irreale Darstellung der Künstlerproblematik • Warnung vor biografischem Ansatz: Rotpeters Künstlertum ist nicht identisch mit Kafkas Dichterexistenz

2.7 Interpretationsansätze

Günter Mecke	1982	• Kafka war homosexuell • Affe steht für unschuldiges Kind, seine Gefangennahme für eine Vergewaltigung • *Bericht* stellt das Trauma einer homosexuellen Vergewaltigung dar

2.7.2 Assimilationsansatz: Rotpeter ein assimilierter Jude?

Der Assimilationsprozess Rotpeters lässt sich aber nicht nur im Hinblick auf Kafkas Leben fokussieren. Er kann auch, so wie es bereits zu Kafkas Lebzeiten sein Freund Max Brod getan hat, allgemein auf die Lage der assimilierten Juden Westeuropas übertragen werden. Gerade die Situation der deutsch sprechenden Juden in Prag war von unfreiwilligen Abhängigkeiten gekennzeichnet. Anpassung an die dominierende (christliche) Kultur war für viele Juden eine Überlebensstrategie, ein „Ausweg". Der Antisemitismus eines Großteils der tschechischen und deutschen Bevölkerung sorgte dafür, dass die jüdische Bevölkerung ihre Religion und Kultur nicht frei und ungestört entfalten konnte. Viele Juden gaben daher ihre ursprüngliche Identität auf, um einigermaßen ungestört leben zu können. Die Assimilation machte sie (so zumindest ihre Hoffnung) für die Augen der ihnen ablehnend gegenüberstehenden Gesellschaft unsichtbar, ließ sie sogar selbst zu einem Teil dieser Gesellschaft werden. Man legte die eigenen jüdischen Bräuche und Riten ab und übernahm z. B. christliche Bräuche wie das Weihnachtsfest oder konvertierte sogar ganz zum Christentum. Doch genauso wie in der Fiktion Rotpeter für die Menschen

Assimilation als Überlebensstrategie

2.7 Interpretationsansätze

trotz seiner erstaunlichen Sprachfähigkeiten immer noch der Affe aus der Wildnis bleibt, blieben auch die assimilierten Juden für die Antisemiten zuallererst Juden.

Kafkas Freund Max Brod kommentierte den *Bericht* mit den Worten: „Der Assimilant, der nicht Freiheit, nicht Unendlichkeit will, nur einen Ausweg, einen jämmerlichen Ausweg! Es ist grotesk und erhaben in einem Atemzug. Denn die nicht gewollte Freiheit Gottes steht drohend hinter der tiermenschlichen Komödie."[34] Als Juden waren sich auch Brod und Kafka ihrer Außenseiterrolle in der Prager Gesellschaft nur allzu bewusst und zugleich ihrer Prägungen durch die dominierende nichtjüdische Kultur. Sie waren an bestimmte Möglichkeiten gebunden, die ihnen die Gesellschaft zur Verfügung stellte. Kafkas *Bericht* wäre demnach eine Allegorie auf den Akkulturationsprozess[35] westeuropäischer Juden, den viele jüdische Intellektuelle der Generation Kafkas sehr kritisch sahen: Angesichts des zunehmenden Antisemitismus traten sie für eine Rückbesinnung auf die jüdischen Wurzeln ein, gründeten jüdische (Selbsthilfe-)Vereine und Zeitschriften oder studierten, wie Kafka, ostjüdische Traditionen. Statt Aufgabe der jüdischen Identität sollte diese also wieder selbstbewusst gestärkt werden. Der Affe Rotpeter stünde demnach für einen Juden, der einen „Ausweg" aus seiner hoffnungslosen Situation sucht und ihn in der Assimilation an seine feindliche Umgebung findet. Auch Kafkas Eltern beschritten einst diesen Weg, sie stammten aus ärmsten Verhältnissen und assimilierten sich in der Großstadt, um ein materiell besser gestelltes Leben und gesellschaftliche Anerkennung zu erreichen. Andere Gründe für die Assimilation könnten aber auch rein materielle, individuell-opportunistische Überlegungen des

---
34 Zitiert nach: Born, *Franz Kafka*, S. 128.
35 Akkulturation: das Hineinwachsen einer Person in ihre kulturelle Umgebung.

2.7 Interpretationsansätze

Individuums sein.[36] Diesem Ansatz folgend ließe sich argumentieren, dass der Affe Rotpeter seinen Platz im Leben gefunden hat, wenn er sagt: „Im Ganzen habe ich jedenfalls erreicht, was ich erreichen wollte. Man sage nicht, es wäre der Mühe nicht wert gewesen." (S. 60)

Wieder stehen sich die Schlüsselbegriffe „Ausweg" und „Freiheit" gegenüber. „Freiheit" kann in diesem Zusammenhang als das Bekenntnis zur jüdischen Identität und evtl. auch zum Zionismus verstanden werden (auch um den Preis des Untergangs, vgl. S. 56), während den „Ausweg" wählen hieße, den Weg der Assimilation und der Konversion zum christlichen Glauben zu gehen. Der Akt des Schnapstrinkens lässt sich in dieser Perspektive als das Empfangen der Kommunion deuten, wohingegen der Ekel und die Selbstüberwindung den Widerwillen ausdrücken, mit dem der Einzelne seine religiöse Identität aufgibt.[37] Begründet wird dieser religiöse Deutungsansatz in der Forschung auch durch Rotpeters Verlust seiner Erinnerung an sein Leben vor der Gefangennahme, in der eine Parallele zur Geschichte des jüdischen Volkes im Alten Testament gesehen wird: So wie das jüdische Volk in Bezug auf seine Geschichte auf die Überlieferungen der hebräischen Bibel (entspricht in etwa dem Alten Testament) angewiesen ist, ist auch der Affe Rotpeter auf Berichte seiner Jäger angewiesen. Für diesen Ansatz könnte auch der Publikationsort sprechen, Martin Bubers Zeitschrift *Der Jude*, und dass Kafka, der zu dieser Zeit schon Hebräischstudien betrieb und im Gegensatz zur Elterngeneration ein verstärktes Interesse am jüdischen Glauben und an der jüdischen Kultur entdeckt hatte, ein Theaterstück mit dem Titel *Der Meshumed* gesehen hatte, in dem es um die Geschichte eines konvertierten Juden geht.[38]

> religiöse Lesart

---

36 Vgl. Torton-Beck, S. 182.
37 Vgl. Rubinstein.
38 Vgl. ebd., S. 372 ff., und Torton-Beck, S. 182.

2.7 Interpretationsansätze

Vertreter des Ansatzes	Jahr	Ansatz in Stichpunkten
Max Brod	1918	• Satire auf die Assimilation der Juden • Situation der Juden in Prag • Assimilation als Anbiederung an die herrschende nicht-jüdische Gesellschaft, die im Fall Rotpeters belohnt wird
Heinz Politzer	1934	• Text offenbart den geistigen und religiösen Verfall der Kulturmenschheit • nicht explizit auf das Judentum bezogen
William C. Rubinstein	1952	• Rotpeter im Käfig steht für Leben der Juden im Ghetto • Erinnerung an das Leben vor der Gefangennahme verweist auf das Alte Testament • Freiheit bedeutet Bekenntnis zum Zionismus • Ausweg bedeutet Assimilation und Konversion
Evelyn Torton-Beck	1971	• einziger Ausweg ist die Assimilation an die Umgebung • geschieht nicht aus Überzeugung, sondern aus materiellen Gründen und Opportunismus

2.7 Interpretationsansätze

2.7.3 Philosophischer Ansatz: Freiheit oder Ausweg?

Jenseits der biografischen oder zeitgeschichtlichen Ebene lassen sich diese Zusammenhänge jedoch auch aus einer allgemeineren, philosophischeren Perspektive betrachten, die Grundbedingungen des Menschseins überhaupt betreffen. Rotpeters Hinwendung zum Leben unter den Menschen als Varietékünstler bedeutet eine vollständige Aufgabe seiner ursprünglichen Freiheit,[39] sichert ihm aber einen Lebensraum außerhalb des Käfigs, ja sogar eine behagliche Existenz. Ein Aspekt, den er resigniert reflektiert:

„Überblicke ich meine Entwicklung und ihr bisheriges Ziel, so klage ich weder, noch bin ich zufrieden. Die Hände in den Hosentaschen, die Weinflasche auf dem Tisch, liege ich halb, halb sitze ich im Schaukelstuhl und schaue aus dem Fenster. Kommt Besuch, empfange ich ihn, wie es sich gebührt." (S. 60)

Der Affe hat sich in sein Schicksal gefügt. Der ‚Preis', den er dafür zahlen muss, ist die vollständige Aufgabe seines Eigensinns:

„Diese Leistung wäre unmöglich gewesen, wenn ich eigensinnig hätte an meinem Ursprung, an den Erinnerungen der Jugend festhalten wollen. Gerade Verzicht auf jeden Eigensinn war das oberste Gebot, das ich mir auferlegt hatte; ich, freier Affe, fügte mich diesem Joch. Dadurch verschlossen sich mir aber ihrerseits die Erinnerungen immer mehr." (S. 50)

---

[39] Vgl. Emrich, S. 127 ff.

2.7 Interpretationsansätze

Würde er eigensinnig auf seiner Herkunft und seiner Identität beharren, hieße dies auch, sich die Unfähigkeit eingestehen zu müssen, sich an die – menschliche bzw. gesellschaftliche – Realität anpassen zu können. Dies hätte ein fortdauerndes Dahinvegetieren als ‚wildes' Tier im Käfig oder im Zoo zur Folge.[40] Kafkas Erzählung schildert eine Wandlung, die durch den Zwang, den die Umwelt auf das Individuum ausübt, angestoßen wird.[41] Nach seiner Gefangennahme ist sich der Affe Rotpeter seiner Situation nur allzu bewusst:

„Ich hatte doch so viele Auswege bisher gehabt und nun keinen mehr. Ich war festgerannt. Hätte man mich angenagelt, meine Freizügigkeit wäre dadurch nicht kleiner geworden. Warum das? Kratz dir das Fleisch zwischen den Fußzehen auf, du wirst den Grund nicht finden. Drück dich hinten gegen die Gitterstange, bis sie dich fast zweiteilt, du wirst den Grund nicht finden. Ich hatte keinen Ausweg, musste mir ihn aber verschaffen, denn ohne ihn konnte ich nicht leben. Immer an dieser Kistenwand – ich wäre unweigerlich verreckt. Aber Affen gehören bei Hagenbeck an die Kistenwand – nun, so hörte ich auf, Affe zu sein." (S. 53 f.)

In diesem Zitat drückt sich das Reflexionsvermögen Rotpeters aus, der sich entschließt, wie ein Mensch zu werden. Er gibt seine „Freiheit" auf und fügt sich in eine für alle Menschen geltende Ordnung:

„Ich meine nicht dieses große Gefühl der Freiheit nach allen Seiten. Als Affe kannte ich es vielleicht, und ich habe Menschen kennen gelernt, die sich danach sehnen. Was mich aber anlangt,

---
40 Vgl. Sokel, S. 374 f.
41 Vgl. Philippi.

2.7 Interpretationsansätze

verlangte ich Freiheit weder damals noch heute. Nebenbei: mit Freiheit betrügt man sich unter Menschen allzuoft." (S. 54)

Bericht als Kommentar auf die menschliche Existenz

Der Begriff der „Freiheit" ist demnach ein zentrales Motiv der Erzählung.[42] Kafkas *Bericht* kann als ein Kommentar auf die menschliche Existenz verstanden werden: In der philosophischen Tradition gehört es zu den grundlegenden Eigenschaften des Menschen, frei zu sein, genauer: Nur der Mensch ist frei, eben das unterscheidet ihn vom Tier. Nach Kafkas Rotpeter ist dieser Glaube jedoch nur eine „erhabene Täuschung", eine Illusion, die der Affe, der ja ein „offene[s] Wort" (S. 51) ankündigt, ohne Rücksicht auf die Empfindlichkeiten seiner menschlichen Zuhörer entlarvt:[43]

„Und so wie die Freiheit zu den erhabensten Gefühlen zählt, so auch die entsprechende Täuschung zu den erhabensten. Oft habe ich in den Varietés vor meinem Auftreten irgendein Künstlerpaar oben an der Decke an Trapezen hantieren sehen. Sie schwangen sich, sie schaukelten, sie sprangen, sie schwebten einander in die Arme, einer trug den anderen an den Haaren mit dem Gebiss. ‚Auch das ist Menschenfreiheit', dachte ich, ‚selbstherrliche Bewegung.' Du Verspottung der heiligen Natur! Kein Bau würde standhalten vor dem Gelächter des Affentums bei diesem Anblick." (S. 54)

Der Affe, inzwischen Teil der menschlichen Gesellschaft, wirft als Außenseiter einen kritischen Blick auf die angebliche „Freiheit" des Menschen. Er macht auf die Absurdität menschlicher Handlungen und ‚Scheinfreiheiten' aufmerksam, indem er sie

---
42 Vgl. Schulz-Behrend.
43 Vgl. Tauber, S. 73 f.

2.7 Interpretationsansätze

als sinnentleerte Taten beschreibt. Im afrikanischen Urwald war er noch im Besitz seiner „Affennatur" und „Affenwahrheit" und verfügte damit über eine ursprüngliche „Freiheit", die er aber im Käfig aufgeben musste: „Ich weiß nicht mehr, ob Flucht möglich war, aber ich glaube es; einem Affen sollte Flucht immer möglich sein. Mit meinen heutigen Zähnen muss ich schon beim gewöhnlichen Nüsseknacken vorsichtig sein (...)" (S. 55) Je menschlicher Rotpeter geworden ist, je weiter der Assimilationsprozess vorangeschritten ist, desto weniger robust ist die physische Konstitution des Affen. Würde er zum Zeitpunkt seiner Berichterstattung die menschliche Gesellschaft verlassen und zurückkehren, wäre er den Forderungen, die das freie Leben in der Natur bzw. im Urwald – der hier als Metapher für die „Freiheit" steht – an ihn stellen würden, wohl gar nicht mehr gewachsen. Seine Entscheidung für den „Ausweg" hat ihn in den Prozess der Menschwerdung gedrängt:

„Und ich lernte, meine Herren. Ach, man lernt, wenn man muss; man lernt, wenn man einen Ausweg will; man lernt rücksichtslos. Man beaufsichtigt sich selbst mit der Peitsche; man zerfleischt sich beim geringsten Widerstand. Die Affennatur raste, sich überkugelnd, aus mir hinaus und weg." (S. 59)

Ihm ist nur allzu bewusst, dass ein Rückweg ausgeschlossen ist:

„War mir zuerst die Rückkehr, wenn die Menschen gewollt hätten, freigestellt durch das ganze Tor, das der Himmel über der Erde bildet, wurde es gleichzeitig mit meiner vorwärts gepeitschten Entwicklung immer niedriger und enger; wohler und eingeschlossener fühlte ich mich in der Menschenwelt; der Sturm, der mir aus meiner Vergangenheit nachblies, sänftigte

2.7 Interpretationsansätze

> *sich; heute ist es nur ein Luftzug, der mir die Fersen kühlt; und das Loch in der Ferne, durch das er kommt und durch das ich einstmals kam, ist so klein geworden, dass ich, wenn überhaupt die Kräfte und der Wille hinreichen würden, um bis dorthin zurückzulaufen, das Fell vom Leib mir schinden müsste, um durchzukommen."* (S. 50)

Die auf den Kopf gestellte Geburtsmetaphorik in dieser Textstelle betont, dass eine Rückkehr zur ursprünglichen Natur nicht mehr möglich ist. Als Kommentar auf die menschliche Existenz übertragen, heißt das: Geht man der Zivilisation mit all ihren Vorzügen ins Netz, dann gibt es kein Zurück mehr. Was bleibt, ist allerdings eine (schmerzliche) Erinnerung an das, was einmal war. So mahnen die Narbe und das Hinken ihren Träger daran, dass es ein Leben ‚davor' gegeben haben muss. Der Affe formuliert dies, wenn er von dem „Luftzug" der Freiheit spricht, die jeden „an der Ferse kitzelt (...), der hier auf Erden geht: den kleinen Schimpansen wie den großen Achilles." (S. 51) Die Erinnerung an die verlorene „Freiheit" ist also aus der Sicht des Affen eine verwundbare Stelle des Menschen, wie die Anspielung auf den griechischen Sagenhelden Achilles, der nur an der Ferse verletzt werden konnte, deutlich macht.

Kafkas skeptische Deutung der menschlichen Freiheit trifft sich damit mit der des Psychoanalytikers Sigmund Freud. Dieser schrieb 1930 in seiner Schrift *Das Unbehagen in der Kultur* über den Widerstreit zwischen den (für die ursprüngliche Freiheit etwa des Kindes stehenden) Triebforderungen des Individuums und den von Kultur und Zivilisation auferlegten Einschränkungen. Seine Triebe unterdrücken zu müssen kann nach Freud zwar zu psychoneurotischen Erkrankungen führen. Aber erst diese Einschränkungen sind es, die ein Zusammenleben ermöglichen. Denn durch die Aufgabe seines Anspruchs auf ein freies

2.7 Interpretationsansätze

Sich-Ausleben seiner Triebe und Bedürfnisse gewinnt der Einzelne etwas, z. B. den Schutz der Gemeinschaft:

> *„Die individuelle Freiheit ist kein Kulturgut. Sie war am größten vor jeder Kultur, allerdings danach meist ohne Wert, weil das Individuum kaum imstande war, sie zu verteidigen. Durch die Kulturentwicklung erfährt sie Einschränkungen, und die Gerechtigkeit fordert, dass keinem diese Einschränkungen erspart werden. Was sich in einer menschlichen Gemeinschaft als Freiheitsdrang rührt, kann Auflehnung gegen eine bestehende Ungerechtigkeit sein und so einer weiteren Entwicklung der Kultur günstig werden, mit der Kultur verträglich bleiben. Es kann aber auch dem Rest der ursprünglichen, von der Kultur ungebändigten Persönlichkeit entstammen und so Grundlage der Kulturfeindseligkeit werden."*[44]

Der Kafka-Forscher Walter Sokel deutet Rotpeters Entwicklung daher sogar positiv als eine Erfolgsgeschichte: Rotpeter entscheidet sich vernünftigerweise gegen unerfüllbare Träume und Utopien und für das, was machbar ist, und kann sich auf diese Weise erfolgreich in die Gemeinschaft eingliedern.[45]

---

44 Freud, S. 61 f.
45 Vgl. Sokel.

2.7 Interpretationsansätze

Vertreter des Ansatzes	Jahr	Ansatz in Stichpunkten
Herbert Tauber	1941	• Rotpeter als satirisches Spiegelbild des Menschen • geht durch seine Anpassung ganz in der Oberflächlichkeit des Alltagsmenschen auf • kann sein Wesen nicht in Freiheit erfüllen
Wilhelm Emrich	1958	• Affe wird genötigt, seine Freiheit aufzugeben • Menschwerdung Rotpeters stellt erzwungene Entwicklung dar • Affe steht für universelle Freiheit, die die Menschenfreiheit nicht ersetzen kann • Haltung des Affen von Resignation bestimmt
Walter Sokel	1962	• Blick des leidenden Individuums ist nach außen auf die Gesellschaft gerichtet • findet seinen Ausweg in der Flucht in ein Leben als Künstler • Rotpeter Bericht als Erfolgsgeschichte, als Sieg von Vernunft und Pragmatismus

2.7 Interpretationsansätze

George Schulz-Behrend	1963	• Künstlertum verschafft Sonderstatus, bringt aber auch Beschränkung mit sich • Rotpeter als „Selfmade-Man": Korrumpierung durch materielle Orientierung • Wald als Symbol für die Freiheit • tauscht Freiheit gegen Sicherheit • Hinken und Narbe erinnern an verlorene Freiheit

2.7.4 Intertextuelle Bezüge und der Blick auf Kafkas Quellen

Zur Deutung des *Berichts* lassen sich auch andere Texte heranziehen, wie z. B. weitere literarische Texte Kafkas oder die literarischen und philosophischen Quellen des Autors. In Frage kommen hier ebenso Sachtexte wie Presse- und Forschungsberichte. Durch solche Kontexte erhält man für die Interpretation wichtige Einblicke in die zeitgenössische Diskussion z. B. über dressierte und als „Künstler" missbrauchte Menschenaffen. Kafka war, wie man heute weiß, ein aufmerksamer, freilich auch höchst skeptischer Beobachter der wissenschaftlichen und technischen Neuerungen seiner Zeit.

Einige Forscher haben Rotpeter mit anderen Protagonisten Kafkas verglichen, etwa denen der Erzählung *Die Verwandlung* und der Romane *Der Prozess*, *Amerika* (*Der Verschollene*) und *Das Schloss*. Der Kafka-

> Vergleich mit Protagonisten der Romane und der *Verwandlung*

2.7 Interpretationsansätze

Forscher Leo Weinstein hat dabei aufschlussreiche Gemeinsamkeiten und Unterschiede festgestellt.[46] Im *Bericht* vollzieht sich die Verwandlung vom Tier zum Menschen, in der *Verwandlung* vollzieht sie sich dagegen in entgegengesetzter Richtung, vom Mensch zu einem Käfer. Während Rotpeters Metamorphose in einer Art Zwischenstatus endet, da seine Affennatur nicht völlig überwunden werden kann, gelingt sie in Gregor Samsas Fall, der Hauptfigur in der *Verwandlung*, auf tragische Weise vollkommen und führt aufgrund der kurzen Lebenszeit von Insekten auch zu seinem baldigen Ende. Ein Vergleich des Helden im *Bericht* mit Kafkas Roman-Protagonisten führt sogar zu der Einsicht, dass es sich bei dem Affen um Kafkas einzigen relativ ‚erfolgreichen' Helden handelt.[47] Das lässt Rotpeter eine Sonderstellung im Gesamtwerk des Autors einnehmen: So vermag Josef K. im *Prozess* genauso wenig seine Unschuld zu beweisen, wie es K. gelingt, zu den Herren des Schlosses vorzudringen und Gehör zu finden, beide scheitern. Auch das offene Schicksal Karl Roßmanns in *Amerika* weist wenig positive Züge auf.

Betrachtet man Kafkas *Bericht* innerhalb der europäischen Erzähltradition, entdeckt man eine Vielzahl intertextueller Bezüge. Hartmut Binders akribischen Studien sind hier viele neue Erkenntnisse zu verdanken.[48] Er verweist besonders auf E. T. A. Hoffmanns Erzählungen *Nachricht von den neuesten Schicksalen des Hundes Berganza* und *Nachricht von einem gebildeten jungen Mann*, die 1814 in *Fantasiestücke in Callot's Manier* erschienen sind. Auch in Wilhelm Hauffs Erzählung *Der junge Engländer* (1827) findet sich eine literarische Quelle für den Bericht. Motivische Übereinstimmungen sind hier in der Briefform, im Motiv der Jagdexpedition, im Prozess der Verwandlung und in den

---
46 Vgl. Weinstein, S. 75 ff.
47 Vgl. ebd.
48 Vgl. Binder, *Kafka-Kommentar*, S. 225–230.

2.7 Interpretationsansätze

immer wieder durchbrechenden Instinkten zu finden (s. auch Kapitel 2.1). Binder weist ferner nach, dass Kafka die Autobiografie von Carl Hagenbeck aus Hamburg, dem Besitzer eines berühmten Zirkus- und Tiergeschäfts, gelesen haben muss. Auch kannte Kafka vermutlich diverse Berichte über Auftritte von Affen in Varietés.

In diesem Zusammenhang muss auf Textfragmente Kafkas, die in thematischem und motivischem Zusammenhang zum *Bericht* stehen, hingewiesen werden. Sie finden sich in den *Oktavheften D* und *E* und wurden erst nach Kafkas Tod veröffentlicht.[49] Diese Textfragmente weisen deutliche Parallelen zu einem Bericht im *Prager Tagblatt* aus dem Jahr 1904 auf. In dem Zeitungsartikel wurde „über einen Schimpansen namens Konsul berichtet, der, von einem Impresario betreut, in London sogar von einem Reporter einer der führenden Tageszeitungen in seiner Wohnung interviewt wurde."[50] Ebenso könnte Kafka der Bericht des Edison-Phonographen 1889 vor der Pariser Akademie der Wissenschaften als Anregung gedient haben, in der der amerikanische Erfinder seinen Apparat eine Rede an die Mitglieder der Akademie halten ließ. Sie begann mit den Worten: „Der Phonograph begrüßt die Herren Mitglieder der Akademie der Wissenschaften".[51]

Als weitere Quellen kommen Berichte über den seinerzeit berühmten Affen Konsul Peter in Frage, der in Varietés auftrat. Dies wird in der Erzählung durch die abschätzigen Worte des Affen bestätigt: „So als unterschiede ich mich von dem unlängst krepierten, hie und da bekannten, dressierten Affentier Peter nur durch den roten Fleck auf der Wange." (S. 51)

---

[49] Vgl. Kittler; Neumann, S. 46 f., und Raboin.
[50] Binder, *Rotpeters Ahnen*, S. 299.
[51] Vgl. Bauer-Wabnegg, *Monster und Maschinen*, S. 364 f.

2.7 Interpretationsansätze

Am 1. April 1917, wenige Tage bevor Kafka seinen *Bericht* schrieb, erschien im *Prager Tagblatt* ein Artikel mit dem Titel *Consul der viel Bewunderte. Aus dem Tagebuch eines Künstlers*.[52] Sehr wahrscheinlich hat Kafka diesen Fantasiebericht über einen Reporter, dem ein berühmter Varieté-Affe namens Consul Einblick in sein Künstlertagebuch gewährt, gelesen. Kafka reihte sich nach diesem Interpretationsansatz mit seiner Erzählung in eine damals aktuelle Diskussion ein, die sich mit der Frage beschäftigte, ob es möglich sei, Affen das Sprechen beizubringen.[53] Letztlich ging es dabei natürlich um die Frage nach dem Unterschied von Mensch und Tier. War der Mensch wirklich einzigartig, oder war die Menschheit nur eine Tierart unter vielen? Kafkas *Bericht* spielt auch auf Darwins Evolutionslehre an,[54] da er die Möglichkeit bietet, den Bericht des Tieres als „das fehlende Glied in der Evolutionskette"[55] vom Tier zum Menschen zu lesen. Erst durch das Erlernen der menschlichen Sprache macht Rotpeter den entscheidenden Schritt in der Evolution.[56]

> Anspielung auf Darwins Evolutionslehre

---

52 Vgl. ebd., S. 127–159.
53 Vgl. Heller.
54 Vgl. Sokel.
55 Sanjosé; Precht, S. 32, vgl. Norris.
56 Vgl. Norris.

2.7 Interpretationsansätze

Vertreter des Ansatzes	Jahr	Ansatz in Stichpunkten
Leo Weinstein	1962	• Vergleich mit anderen Protagonisten aus Kafkas Werken • alle anderen Protagonisten scheitern oder sterben • Rotpeter als einziger positiver Held Kafkas
Hartmut Binder	1966	• Hinweis auf motivische Parallelen zu E. T. A. Hoffmanns *Nachricht von den neuesten Schicksalen des Hundes Berganza* und *Nachricht von einem gebildeten jungen Mann* (beide 1814). • Nachweis der Lektüre von Carl Hagenbecks Autobiografie und Berichte über Affen in Varietés
Walter Bauer-Wabnegg	1986	• Hinweis auf Bericht des Edison-Phonographen vor der Pariser Akademie der Wissenschaften • Fiktiver Tagebuchauszug eines berühmten Affens namens Consul am 1. April 1917 im *Prager Tagblatt*
Paul Heller	1989	• vergleicht Kafkas Erzählung mit den Erkenntnissen über das Leben von Schimpansen und Orang-Utans in *Brehms Tierleben*

3. Themen und Aufgaben

Die Lösungshinweise beziehen sich auf die Kapitel der vorliegenden Erläuterung.

1) Thema: Biografische Bezüge ➤ Wie wird in Kafkas Erzählung die Existenz eines Künstlers in der Gesellschaft dargestellt? Vergleichen Sie Ihre Ergebnisse mit Kafkas eigener Biografie bzw. seinen Erfahrungen als Künstler/Autor.	**Lösungshilfe:** siehe 1.1; 1.2; 2.7.1; 4
2) Thema: Assimilation ➤ Belegen Sie die Behauptung, dass Kafkas *Bericht* als eine Allegorie auf die Assimilation der Juden zu lesen sei. Berücksichtigen Sie dabei den zeitgeschichtlichen Kontext, in dem diese Erzählung verfasst wurde, und beachten Sie dabei die Situation der Juden in Prag als Minderheit in einer nichtjüdischen Gesellschaft. Betrachten Sie in einem zweiten Schritt den Begriff der Assimilation im Hinblick auf die persönliche Situation Kafkas, und diskutieren Sie, ob und inwiefern man auch hier von einer Assimilation an die Umwelt sprechen kann.	siehe 1.2; 2.7.2; 4

3) Thema: Verwandlung

Lösungshilfe: siehe 1.1; 2.7.3; 4

> In einer Rezension zu Kafkas Tiergeschichten heißt es: *„Es gibt bei Kafka auch Wesen, denen die Möglichkeit der Umkehr versagt blieb und die auf halbem Weg stehen bleiben mussten. / Da ist Rotpeter, der gelehrige Affe aus dem* Bericht für eine Akademie, *dem man die Einreise in unser Reich gestattet und dem man sozusagen einen Menschenpass ausgehändigt hat. Rotpeter ist ein melancholischer Künstler geworden, der Erfinder seiner eigenen Biografie; ein glückliches Wesen ist er nicht."*[57]
> Untersuchen Sie die Passagen in Kafkas Text, in denen deutlich wird, wie weit sich die Verwandlung Rotpeters bereits vollzogen hat. Erläutern Sie ferner, was diese Passagen über die gesellschaftliche Stellung bzw. Anerkennung von Künstlern bedeuten.

> Vergleichen Sie die Verwandlung Gregor Samsas in der Erzählung *Die Verwandlung* mit der des Affen Rotpeter. Welche Unterschiede bestehen hier, und welche Aussagen lassen sich daraus über die Individualität des Menschen treffen?

Lösungshilfe: siehe 1.3; 2.1; 2.7.4; 4

---

57 Kümmel.

3. Themen und Aufgaben

4) Thema: Freiheit und Ausweg

	Lösungshilfe:
➤ Die Begriffe „Freiheit" und „Ausweg" spielen im *Bericht* eine zentrale Rolle. Erläutern Sie, was der Erzähler unter diesen Begriffen versteht und welche Bedeutung sie für ihn haben. Interpretieren Sie, was sich daraus über den Begriff der „Freiheit des Menschen" bzw. den „freien Willen" sagen lässt.	siehe 1.2; 2.7.3; 4
➤ Lesen Sie noch einmal Kafkas Beispiel dafür, dass sich die Menschen mit der Freiheit selbst betrügen (vgl. S. 54). Erklären Sie, was Rotpeter durch das Beispiel der Trapezkünstler und dem Spott der Affen im Hinblick auf den Begriff der „Freiheit" verdeutlichen will, und erläutern Sie, warum er von einem Selbstbetrug spricht.	siehe 1.2; 2.7.2; 2.7.3; 4
➤ Interpretieren Sie Kafkas Aphorismen 29 und 104, und wenden Sie Ihre Deutung auf Rotpeters Entscheidung für einen „Ausweg" (und gegen die Freiheit) an.	siehe 5
➤ Kafka sympathisierte mit der Lehre des Psychoanalytikers Otto Gross, wonach in jedem Individuum im Lauf seiner Entwicklung bzw. seines Lebens ein Kampf zwischen dem Eigenen und dem Fremdem stattfindet, bei dem in der Regel das Eigene, In-	siehe 1.1; 2.7.1; 2.7.2; 2.7.3; 4; 5

dividuelle unterliegt. Interpretieren Sie Rotpeters Entwicklung aus Sicht dieser These.

5) Thema: Kafkas Quellen

> Kafka schrieb seinen *Bericht* wenige Tage nach dem Erscheinen des Artikels *Consul der viel Bewunderte. Aus dem Tagebuch eines Künstlers* im *Prager Tagblatt*. Vergleichen Sie diesen Zeitungsartikel mit Kafkas Erzählung: Welche Gemeinsamkeiten und welche Unterschiede gibt es?

Lösungshilfe:
siehe
1.3;
2.1;
2.7.4;
4;
5

6) Thema: Vergleich Rotpeters mit Kafkas Roman-Protagonisten

> Nach einer Deutung des *Berichts* von Leo Weinstein und Walter Sokel ist der Affe Rotpeter die einzige ‚erfolgreiche' Figur in Kafkas Werk, da sie ihr selbst gesetztes Ziel erreicht habe. Aufgrund seines Realitätssinns entscheide sich Rotpeter für das Machbare und gegen unerfüllbare Utopien. Vergleichen Sie die Protagonisten Josef K., K. und Karl Roßmann aus Kafkas unvollendeten Romanen mit der Figur des Affen Rotpeter, und nehmen Sie Stellung zu dieser Behauptung.

siehe
1.3;
2.7.4;
4

3. Themen und Aufgaben

7) Thema: Vergleich des *Berichts* mit Erzählungen E. T. A. Hoffmanns und Wilhelm Hauffs

> In den Erzählungen *Nachricht von den neuesten Schicksalen des Hundes Berganza* und *Nachricht von einem gebildeten jungen Mann* von E. T. A. Hoffmann sowie *Der junge Engländer oder der Affe als Mensch* von Wilhelm Hauff wird das menschliche Verhalten aus tierischer Perspektive bzw. wird die Unterdrückung der tierischen Natur durch Menschenzwang geschildert. Vergleichen Sie die genannten Erzählungen im Hinblick auf diese Motive, und erläutern Sie die Parallelen und Unterschiede zu Kafkas *Bericht*.

Lösungshilfe:

siehe 2.1; 4; 5

8) Thema: Hörbuch

> Diskutieren Sie die Wirkung des dramaturgisch inszenierten Textes im Hinblick darauf, ob und inwiefern diese Art der Rezeption Ihr Urteil über den Text beeinflusst bzw. verändert hat.

4. Rezeptionsgeschichte

Im Folgenden werden die wichtigsten Stationen der langen Rezeptionsgeschichte von Kafkas Erzählung genannt. Viele Deutungen liegen zeitlich weit zurück, werden jedoch bis heute in aktuellen Interpretationen aufgegriffen. Allerdings rückt man inzwischen von den eher monokausalen Deutungsansätzen aus der Frühzeit der Kafka-Forschung ab und verbindet mehrere Ansätze miteinander.

Die Erzählung wurde bereits 1917, also zu Kafkas Lebzeiten, veröffentlicht. Deshalb existieren zum *Bericht*, anders als zu vielen anderen seiner Texte, die oft erst Jahre nach seinem Tod publiziert wurden, frühe Rezeptionszeugnisse, wie etwa Reaktionen seiner Freunde auf die Veröffentlichung des *Berichts* in Martin Bubers Zeitschrift *Der Jude*. **Max Brod** berichtete Kafka am 18. Dezember 1917 von einer begeisterten Reaktion des Prager Dichters **Franz Werfel**:

> Ausnahme: zu Kafkas Lebzeiten veröffentlicht

> *„Werfel schreibt begeistert über deine Affengeschichte, findet, dass du der größte deutsche Dichter bist. Auch meine Ansicht seit langem, wie du weißt. Mit dem einzigen Verdacht, den du mich gegen so grelle Formulierungen gelehrt hast, der aber nicht aus meinem Herzen kommt."*[58]

Kafka antwortete Brod: „Werfel bricht immer so aus, und ist es bei Dir Gutsein zu mir, so gilt es gern in jeder Weise."[59] Bereits kurz nach dem Erscheinen der Erzählung bat Brod den Autor, seiner Frau **Elsa Brod** die Erlaubnis zu geben, die Erzählung im **Klub jüdischer Frauen vorzutragen**. Kafka antwor-

---
58 Zitiert nach: Pasley, S. 210.
59 Zitiert nach: ebd., S. 211–212.

4. Rezeptionsgeschichte

tete: „Damit, dass Deine Frau die Geschichte vorliest, bin ich natürlich einverstanden, *mit der Veranstaltung selbst gar nicht.*"[60] Seine **Zurückhaltung** gegenüber öffentlicher Zurschaustellung seiner schriftstellerischen Arbeit äußerte der extrem selbstkritische Autor auch in einem Brief an Elsa Brod:

> *„Vermeiden Sie aber, dass es irgendwie in der Zeitung erwähnt wird. Was Sie auch wählen, es ist ja eine Kleinigkeit, die sich als Zugabe vielleicht eignet und sonst nicht zu erwähnen ist. Und sollte im Text etwas Schmutziges sein, lassen Sie es nicht aus; wollte man wirklich reinigen, wäre ja kein Ende."*[61]

Von der Lesung, die am 19. Dezember 1917 stattfand, berichtete Elsa Brod Kafka schon am nächsten Tag: „Dann las ich den Affen ohne vorherige Anzeige, ganz improvisiert. (…) ich selber finde, dass ich ihn sehr gut lese, Bestätigung dessen ist nur, dass ich dabei buchstäblich affenmäßig fühle, ich rieche Affenschweiß und ströme ihn aus, natürlich nur während dieser Lektüre. **Der Affe ist ein Meisterwerk** [Hervorhebung im Original]."[62] Nach Kriegsende nahm der mit Kafka persönlich bekannte Rezitator **Ludwig Hardt**

Erfolg als Vortragsstück

(1886–1947) den *Bericht* in sein Programm auf und begründete den bis heute andauernden Erfolg des Textes als Vortrags- oder Bühnenstück. Erwähnenswert ist vor allem die Adaption des Schauspielers Klaus Kammer (1929–1964) aus dem Jahr 1963, die auch als Hörbuch-CD erhältlich ist.

Außerhalb von Kafkas Freundeskreis war die Kritik an seiner Erzählung eher zurückhaltend, sowohl im positiven wie im

---
60 Zitiert nach: Born, *Kritik und Rezeption*, S. 127.
61 Zitiert nach: ebd.
62 Zitiert nach: Pasley, S. 215 f.

4. Rezeptionsgeschichte

negativen Sinne. Mit der **Publikation des *Berichts* in dem Erzählband *Ein Landarzt*** drei Jahre später wurde eine breitere Rezeption des Textes (außerhalb einer spezifisch jüdischen Leserschaft) möglich. Allerdings blieben die Absatzzahlen des Bandes gering, **das Buch verkaufte** sich in den ersten beiden Monaten **lediglich 86 Mal,** wie ein Brief von Kafkas Verleger Kurt Wolff belegt.[63] Am 31. Oktober 1920 klagte **Rudolf Thomas im *Prager Tagblatt*** in einer **Besprechung** des *Landarzt*-Bandes: „Dass der Publikumserfolg ausbleibt, ist ein Beweis gegen das Publikum. Denn diese Aufzeichnungen traumhafter Begebenheiten sind der selten **geglückte Versuch** deutscher Literatur, **abstraktestes Geschehen konkretest zu sagen.**"[64]

Neben den Reaktionen sind natürlich auch die **Interpretationsansätze** (vgl. Kapitel 2.7), die sich literarhistorisch nachvollziehen lassen, wichtig. Ihren Anfang nehmen sie ebenfalls bei **Max Brod**. In der jüdischen Zeitschrift *Selbstwehr* deutete er am 4. Januar 1918 Kafkas Erzählung als **Satire auf die Assimilation**, ein Ansatz, der viele Jahrzehnte die Rezeption bestimmte:

> *„Franz Kafka erzählt nur die Geschichte eines Affen, der, von Hagenbeck eingefangen, gewaltsam Mensch wird. Und was für ein Mensch! Das Letzte, das Abschaumhafte der Gattung Mensch belohnt ihn für seine Anbiederungsmühen. Ist es nicht **die genialste Satire auf die Assimilation**, die je geschrieben worden ist! Man lese sie nochmals im letzten Heft des ‚Juden'. Der Assimilant, der nicht Freiheit, nicht Unendlichkeit will, nur einen Ausweg, einen jämmerlichen Ausweg! Es ist grotesk und erhaben in einem Atemzug. Denn die nicht gewollte Freiheit*

---

63 Vgl. Hermes, S. 173.
64 Zitiert nach: Born, S. 102.

4. Rezeptionsgeschichte

> *Gottes steht drohend hinter der tiermenschlichen Komödie. [Hervorhebung nicht im Original]"*[65]

Zurückgewiesen wurde der Assimiliations-Ansatz jedoch 1963 von **George Schulz-Behrend**: Demnach könne die Publikation des Berichts in Martin Bubers Zeitschrift nicht als Beweis für die Verarbeitung spezifisch jüdischer Probleme gelten, denn auf seine Nachfrage hin habe **Martin Buber**, der Herausgeber der Zeitschrift, in einem Brief erklärt: „Dichtungen habe ich im *Juden* nicht ihres jüdischen Inhalts wegen veröffentlicht, sondern wenn es mir für meine Leser wichtig schien, sie zu kennen."[66] Für Schulz-Behrend geht es in Kafkas Erzählung allgemein um die **Freiheit des Menschen** und um den Verzicht auf diese für den Gewinn materieller Sicherheit: „Der Affe lügt weder, noch verschleiert er die Wahrheit; er gesteht nur eine Einschränkung ein."[67] **Walter Sokel** erkannte in Rotpeters Weg ins Varieté eine positive **„Lebensrettung durch Kunst"**, eine **Erfolgsgeschichte.** Sokel sah in dem äffischen Protagonisten einen realistisch denkenden Helden, der sich für das „Machbare" und damit gegen Illusion und Traum entscheidet:

> *„Der Bericht, wörtlich genommen, und nur wörtlich kann Kafka verstanden und gewürdigt werden, ist also weder Satire auf die Menschheit noch Allegorie eines getauften Juden, sondern Bericht einer Sublimierung und Erziehung, wobei ein Leidender, um zu überleben, Künstler wird."*[68]

---

65 Zitiert nach: ebd., S. 128.
66 Schulz-Behrend, S. 3.
67 Ebd., S. 2.
68 Sokel, S. 389.

4. Rezeptionsgeschichte

Ein anderer Strang der Forschung beschäftigt sich mit Kafkas Quellen. So führte **Hartmut Binder** 1966 **motivische Parallelen zu Erzählungen E. T. A. Hoffmanns** (*Nachricht von den neuesten Schicksalen des Hundes Berganza* sowie *Nachricht von einem gebildeten jungen Mann*) auf. Auch **Walter Bauer-Wabnegg** und **Peter Heller** rekonstruierten die Quellen Kafkas. Sie erarbeiteten Querbezüge zu *Brehms Tierleben* und zu Artikeln über dressierte Affen, die im *Prager Tagblatt* veröffentlicht wurden. Bauer-Wabnegg konstatiert: „Kaum ein anderer Text Kafkas lässt sich mit Blick auf die Quellenlage entstehungsgeschichtlich so exakt rekonstruieren wie der ‚Bericht für eine Akademie'."[69] **Patrick Bridgwater** wies 1974 auf Parallelen zwischen **Friedrich Nietzsches** philosophischer Abhandlung *Von der Genealogie der Moral* und Kafkas Erzählung hin und untersuchte das **Motiv des Affen in der Literaturgeschichte**. So war für den griechischen Philosophen Heraklit der Affe ein Symbol für die menschliche Unvollkommenheit, und im Mittelalter galt der Affe mit dem Spiegel als Symbol für die Eitelkeit des Menschen. Die Neuzeit schließlich setzte den Affen mit dem gelehrten Narren gleich.[70] **Leena Eilittä** beschäftigte sich 1999 mit den Parallelen zwischen Kafkas Erzählungen und **Sigmund Freuds** 1930, also erst *nach* dem *Bericht* entstandener kulturtheoretischer Schrift *Das Unbehagen der Kultur*. Der Psychoanalytiker fragt darin nach dem Grund für die in seiner Zeit verbreitete Feindseligkeit gerade der intellektuellen Elite gegen Kultur und Zivilisation und die Idealisierung des vermeintlich paradiesischen Lebens der Urmenschen oder Eingeborenen. Freud findet den Grund in dem Triebverzicht, den die moderne Kultur ihren Mitgliedern auferlegt: Jeder muss sich und seine

---

69 Bauer-Wabnegg, S. 127.
70 Vgl. Bridgwater, *Rotpeters Ahnherren*, S. 447.

4. Rezeptionsgeschichte

Bedürfnisse einschränken, um das Zusammenleben so vieler Menschen zu ermöglichen.

> Anspielung auf *Bericht* bei Nobelpreisträger J. M. Coetzee

Nicht nur Literaturwissenschaftler, auch Autoren setzten und setzen sich mit Kafkas Werk auseinander. 1997 ließ der südafrikanische Literaturnobelpreisträger J. M. Coetzee in der essayistischen Erzählung *What is Realism?* die fiktive Autorin Elizabeth Costello eine Dankesrede für einen ihr verliehenen Literaturpreis halten. In dieser Rede erinnert Coetzees Figur ihr Publikum an Kafkas *Bericht*, der ihr ein Beleg dafür ist, dass die Zeit des Realismus in der Literatur vorbei ist:

> *„Unter diesen Umständen also trete ich vor Sie hin. Ich missbrauche das Privileg dieses Podiums hoffentlich nicht, um nihilistische Scherze darüber zu machen, was ich bin, Affe oder Frau, und was Sie, meine Zuhörer, sind. Darum geht es meiner Meinung nach in der Erzählung nicht, obwohl es mir nicht zusteht zu diktieren, worum es in der Erzählung geht. Wir glauben, dass es eine Zeit gegeben hat, als wir sagen konnten, wer wir sind. Jetzt sind wir nur Darsteller, die unsere Rollen sprechen."*[71]

---

[71] Coetzee, S. 29.

5. Materialien

Wenige Monate nach Entstehung des *Berichts*, ab Oktober 1917, schreibt Kafka, der inzwischen von seiner Tuberkulose-Erkrankung erfahren hat, in Zürau eine Vielzahl von Aphorismen, die erst nach seinem Tod veröffentlicht werden. Einige davon stehen in thematischer Nähe zum *Bericht* bzw. zum Thema Freiheit, vor allem Nr. 29 und 104.

Aphorismus 29:

„Das Tier entwindet dem Herrn die Peitsche und peitscht sich selbst, um Herr zu werden, und weiß nicht, dass das nur eine Fantasie ist, erzeugt durch einen neuen Knoten im Peitschenriemen des Herrn."[72]

Aphorismus 104:

„Der Mensch hat freien Willen, und zwar dreierlei: / Erstens war er frei, als er dieses Leben wollte; jetzt kann er es allerdings nicht mehr rückgängig machen, denn er ist nicht mehr jener, der es damals wollte, es wäre denn insoweit, als er seinen damaligen Willen ausführt, indem er lebt. / Zweitens ist er frei, indem er die Gangart und den Weg dieses Lebens wählen kann. / Drittens ist er frei, indem er als derjenige, der er einmal wieder sein wird, den Willen hat, sich unter jeder Bedingung durch das Leben gehen und auf diese Weise zu sich kommen zu lassen, und zwar auf einem zwar wählbaren, aber jedenfalls derartig labyrinthischen Weg, dass er kein Fleckchen dieses Lebens unberührt lässt. / Das ist das Dreierlei des freien Willens, es ist aber auch, da es gleichzeitig ist, ein Einerlei und ist im Grunde so sehr Einerlei, dass es keinen Platz hat für einen Willen, weder für einen freien noch unfreien."[73]

---

[72] Kafka, *Beim Bau der chinesischen Mauer*, S. 232.
[73] Ebd., S. 246 f.

5. Materialien

In Kafkas Nachlass finden sich einige Textfragmente, die in thematischem und motivischem Zusammenhang zum *Bericht* stehen. Ein Fragment handelt vom Besuch eines Ich-Erzählers bei Rotpeter; in einem anderen schreibt Rotpeters erster Lehrer nach der Lektüre des *Berichts* einen Brief an den Affen:

„Sehr geehrter Herr Rotpeter, / ich habe den Bericht, den Sie für unsere Akademie der Wissenschaften geschrieben haben, mit großem Interesse, ja mit Herzklopfen gelesen. Kein Wunder, bin ich doch Ihr erster Lehrer gewesen, für den Sie so freundliche Worte der Erinnerung gefunden haben. Vielleicht hätte es sich bei einiger Überlegung vermeiden lassen, meinen Sanatoriumsaufenthalt zu erwähnen, doch erkenne ich an, dass Ihr ganzer Bericht in seinem ihn so auszeichnenden Freimut auch die kleine Einzelheit, trotzdem sie mich ein wenig kompromittiert, nicht unterdrücken durfte, wenn sie Ihnen einmal bei der Niederschrift zufällig eingefallen war. Doch davon wollte ich eigentlich hier nicht reden, es geht mir um anderes."[74]

Bereits als Gymnasiast lernte Kafka die damals revolutionäre und weltbildstürzende Evolutionslehre Charles Darwins kennen, wonach (stark vereinfacht gesagt) der Mensch vom Tier bzw. Affen abstammt. In Darwins 1871 erschienenem Buch *Die Abstammung des Menschen* heißt es:

„Affen ahmen sehr gern alles nach, wie es auch die niedrigsten Wilden tun; und die einfache, früher schon erwähnte Tatsache, dass nach einer gewissen Zeit kein Tier an demselben Ort durch dieselbe Art von Fallen gefangen werden kann, zeigt, dass Tiere durch Erfahrung lernen und die Vorsicht ihrer Artgenossen nachahmen. Wenn

---

[74] Ebd., S. 125. Die übrigen Fragmente finden sich in ebd., S. 100–105 sowie im Internet unter: http://www.geo.uni-bonn.de/cgi-bin/kafka?Rubrik=interpretationen&Punkt=akademie&Unterpunkt=rotpeter-thema [Stand: März 2007].

nun in einem Stamm irgendein Mensch, der scharfsinniger ist als die übrigen, eine neue Flinte oder Waffe oder irgendein anderes Mittel des Angriffs oder der Verteidigung erfindet, so wird das offenbarste eigene Interesse, ohne die Unterstützung großer Verstandestätigkeit, die anderen Glieder des Stammes dazu bringen, ihn nachzuahmen, und hierdurch werden alle Vorteile haben."[75]

Kafka beschäftigt sich im *Bericht* mit der (inneren) Wandlung eines Tieres zum Menschen durch den Zwang, den die Umwelt ausübt. Für das menschliche Bewusstsein ist, so Nietzsche, das Begreifen der Freiheit im Gegensatz zur Unfreiheit notwendig. In seiner Abhandlung *Zur Genealogie der Moral* (1887) heißt es:

„Die Feindschaft, die Grausamkeit, die Lust an der Verfolgung, am Überfall, am Wechsel, an der Zerstörung – alles das gegen die Inhaber solcher Instinkte sich wendend: das ist der Ursprung des ‚schlechten Gewissens'. Der Mensch, der sich, aus Mangel an äußeren Feinden und Widerständen, eingezwängt in eine drückende Enge und Regelmäßigkeit der Sitte, ungeduldig selbst zerriss, verfolgte, annagte, aufstörte, misshandelte, dies an den Gitterstangen seines Käfigs sich wundstoßende Tier, das man ‚zähmen' will, dieser Entbehrende und vom Heimweh der Wüste Verzehrte, der aus sich selbst ein Abenteuer, eine Folterstätte, eine unsichere und gefährliche Wildnis schaffen musste – dieser Narr, dieser sehnsüchtige und verzweifelte Gefangene wurde der Erfinder des ‚schlechten Gewissens'. Mit ihm aber war die größte und unheimlichste Erkrankung eingeleitet, von welcher die Menschheit bis heute nicht genesen ist, das Leiden des Menschen am Menschen, an sich: als die Folge einer gewaltsamen Abtrennung von der tierischen Vergangenheit, eines Sprunges und Sturzes gleichsam in neue Lagen und Daseins-Bedingungen, einer

---

[75] Darwin, S. 268.

Kriegserklärung gegen die alten Instinkte, auf denen bis dahin seine Kraft, Lust und Furchtbarkeit beruhte."[76]

Wie viele Autoren der expressionistischen Generation war auch Kafka von dem Freud-Schüler, Skandal-Psychoanalytiker und Sexualrevolutionär Otto Gross (1877–1920) fasziniert.[77] Im Juli 1910 begegneten sich die beiden zufällig bei einer nächtlichen Bahnfahrt, später planten sie eine Zeitschrift mit dem Titel *Blätter zur Bekämpfung des Machtwillens.* **Gross' Lehre handelt von einem in jedem Menschen stattfindenden Konflikt: zwischen dem Eigenen (den individuellen Anlagen, Wünschen, Bedürfnissen) und dem Fremden (dem durch Eltern und Schule Aufgezwungenen). Nach Gross, der, anders als sein Lehrer Freud, für ein radikales Sich-Ausleben plädierte, verliert der Einzelne den Konflikt dann, wenn er die fremde Autorität als Gewissen in die eigene Psyche übernimmt – was später psychische Krankheiten wie Neurosen zur Folge hat. Das folgende Zitat stammt aus Gross' Artikel** *Zur Überwindung der kulturellen Krise,* **erschienen 1913 in der expressionistischen Zeitschrift** *Die Aktion.*

„Die Sexualität ist das universelle Motiv für eine Unendlichkeit an inneren Konflikten (...) / Es zeigt sich, dass das eigentliche Wesen dieser Konflikte im tiefsten Grund sich stets auf ein umfassendes Prinzip zurückführen lässt, auf den Konflikt des Eigenen und Fremden, des angeborenen Individuellen und des Suggerierten, das ist des Anerzogenen und Aufgezwungenen. / Dieser Konflikt der Individualität mit der ins eigene Innere eingedrungenen Autorität ist mehr als jemals sonst der tragische Inhalt der Kindheitsperiode. / Tragisch gerade desto mehr, je reicher in sich selbst, je fester in der

---
76 Nietzsche, S. 77.
77 Vgl. Anz, *Kafka*, S. 32–42.

Eigenart die Individualität veranlagt ist. Je intensiver und je früher das Widerstandsvermögen gegen Suggestion und Eingriff seine schützende Funktion beginnt, um so viel intensiver und so viel früher wird der zerreißende Konflikt vertieft und verschärft. Verschont sind nur die Naturen, deren Individualitätsanlage so schwach entwickelt und so wenig widerstandsfähig ist, dass sie unter dem Druck der Umweltsuggestionen – dem Einfluss der Erziehung – geradezu der Atrophie[78] verfällt und überhaupt verschwindet – Naturen, deren richtunggebende Motive endlich ganz aus überkommenem fremdem Material an Wertungen und Gewohnheiten des Reagierens sich zusammensetzen."[79]

Am 1. April 1917 erschien in der Wochenbeilage *Onkel Franz. Illustrierte Jugendzeitung* **des** *Prager Tagblatt* **der Artikel** *Consul, der viel Bewunderte. Aus dem Tagebuche eines Künstlers.* **Hinter dem Pseudonym „Onkel Franz" verbarg sich der Prager Autor Franz Robert Hannessen. In dem Artikel besucht ein Reporter einen dressierten Zirkusaffen namens Consul und zitiert aus dessen in der Affensprache abgefassten Tagebuch – eine der wichtigsten Quellen für Kafkas unmittelbar darauf verfassten** *Bericht.*

„Vor einiger Zeit habe ich in einem Zirkus einen dressierten Affen kennen gelernt, der durch seine außerordentliche Geschicklichkeit und Menschenähnlichkeit das größte Staunen hervorruft. Er isst, trinkt und schläft wie ein Mensch, raucht Zigaretten, spielt Karten, fährt Rad und läuft sehr geschickt Rollschuh. Er scheint auf seine Künste sehr stolz zu sein und achtet namentlich darauf, dass sein Äußeres tadellos ist, wenigstens scheint es so zu sein, denn jeden Augenblick wirft er einen Blick in den Handspiegel, den er stets bei sich trägt. Viele Besucher seiner Vorstellungen sind im Besitz einer

---

78 Medizinischer Begriff: Schwund von Organen oder Nervenzellen.
79 Gross, S. 60 f.

5. Materialien

Ansichtskarte, auf die Consul selbst seinen Namen geschrieben hat; auch das hat er sogar gelernt. / Inzwischen bin ich ihm etwas näher vertraut geworden, und daher hat er mir einen Einblick in sein Tagebuch gestattet, das in der Affensprache abgefasst und daher nicht jedem verständlich ist. Am interessantesten erschien mir die folgende Stelle: / ‚Schon wieder haben sie mich in einen eleganten Anzug gesteckt, Stiefel und Gamaschen über meine Hinterhände gezogen und mir einen Zylinderhut über den Kopf gestülpt, und ich soll den neugierigen Menschen meine Künste zeigen, ich armer Consul, und ich möchte doch so gern mit Benutzung aller meiner vier Hände in den höchsten Bäumen herumklettern, in den Zweigen mich schaukeln und mit anderen Affen spielen und mich necken.'[80]

---

80 Der vollständige Artikel findet sich im Internet unter: http://www.geo.uni-bonn.de/cgi-bin/kafka?Rubrik=interpretationen&Punkt=akademie&Unterpunkt=consul [Stand: März 2007].

Literatur

Ausgaben

Kafka, Franz: *Das Urteil und andere Erzählungen. Mit einem Kommentar von Peter Höfle.* Frankfurt am Main: Suhrkamp Verlag, 2003 (Suhrkamp BasisBibliothek 36).
(Nach dieser Ausgabe wird zitiert.)

Kafka, Franz: *Ein Bericht für eine Akademie. Bilder von Andrea Di Gennaro.* Frankfurt am Main: Alibaba, 1996.
(Aussagekräftige Illustrationen des Textes.)

Kafka, Franz: *Ein Landarzt und andere Drucke zu Lebzeiten. Originalfassung.* Nach der Kritischen Ausgabe hrsg. v. Hans-Gerd Koch. Frankfurt am Main: Fischer Taschenbuch Verlag, 5. Aufl. 2004.
  – *Ein Bericht für eine Akademie* (S. 234–245)
  – *Die Verwandlung* (S. 91–158)
  – *Schakale und Araber* (S. 213–217)
  – *Der neue Advokat* (S. 199–200)
  – *Ein Landarzt* (S. 200–207)

Kafka, Franz: *Briefe an Felice und andere Korrespondenz aus der Verlobungszeit.* Hrsg. v. Erich Heller u. Jürgen Born. Ungekürzte Ausgabe. Frankfurt am Main: Fischer Taschenbuch Verlag, 1993.

Kafka, Franz: *Beim Bau der chinesischen Mauer und andere Schriften aus dem Nachlass in der Fassung der Handschrift.* Nach der Kritischen Ausgabe hrsg. v. Hans-Gerd Koch. Frankfurt am Main: Fischer Taschenbuch Verlag, 2. Aufl. 2002.

Kafka, Franz: *Der Proceß. Roman in der Fassung der Handschrift.* Frankfurt am Main: Fischer Taschenbuch Verlag, 2004.

Kafka, Franz: *Das Schloß. Roman in der Fassung der Handschrift.* Frankfurt am Main: Fischer Taschenbuch Verlag, 2004.

Kafka, Franz: *Der Verschollene. Roman in der Fassung der Handschrift.* Frankfurt am Main: Fischer Taschenbuch Verlag. 2004. *(Erschien früher unter dem Titel* Amerika.*)*

CD-ROM
Franz Kafka: *Amerika, Der Prozeß, Das Schloß, sämtliche Erzählungen: Das Urteil, Die Verwandlung, Ein Hungerkünstler, In der Strafkolonie. Voll interaktive CD-ROM mit integrierter Textverarbeitung, Einführungen zu den Werken, zu Biographie und Epoche, mit Kurzinhalten und bibliographischen Angaben, Illustrationen und Tonbeispielen.* München: X-libris, 1996.

Hörbücher
Kafka, Franz: *Ein Bericht für eine Akademie.* Berlin: Argon, 2005.
(Hörbuchfassung auf CD, Sprecher: Marak Harloff.)
Kafka, Franz: *Ein Bericht für eine Akademie.* Berlin: Lübbe Audio, 2007.
(Hörbuchfassung auf CD, Sprecher: Klaus Kammer.)

Lernhilfen und Kommentare für Schüler
Koch, Hans-Gerd: *Ein Bericht für eine Akademie.* In: Michael Müller (Hrsg.): Franz Kafka. Romane und Erzählungen. Interpretationen. Stuttgart: Reclam, 2., durchges. u. erw. Aufl. 2003, S. 173–196.
Schlingmann, Carsten: *Literaturwissen Franz Kafka.* Stuttgart: Reclam, 1995.
(Gute Interpretationshilfe zu verschiedenen anderen Texten wie Das Schloss, Der Prozess, Die Verwandlung, Ein Landarzt, Brief an den Vater.*)*
Scholz, Ingeborg: *Franz Kafka, Das Urteil, Die Verwandlung, Ein Hungerkünstler, Vor dem Gesetz, Eine kaiserliche Botschaft,*

Ein Bericht für eine Akademie, In der Strafkolonie: Anmerkungen für eine kritische Behandlung im Unterricht. Hollfeld: Beyer, 6., überarb. Aufl. 2003.

Biografien und Einführungen
Anz, Thomas: *Franz Kafka.* München: C. H. Beck, 2., durchges. Aufl. 1992.
Anz, Thomas: *Literatur des Expressionismus.* Stuttgart, Weimar: Metzler Verlag, 2002.
Binder, Hartmut (Hrsg.): *Kafka-Handbuch.* 2 Bde. Stuttgart: Kröner, 1979.
Binder, Hartmut: *Kafka-Kommentar zu sämtlichen Erzählungen.* München: Winkler, 3. Aufl. 1986.
Dietz, Ludwig: *Franz Kafka.* Stuttgart: Metzler, 2., erw. u. verb. Aufl. 1990.
Hermes, Roger [u. a] (Hrsg.): *Franz Kafka. Eine Chronik.* Berlin: Klaus Wagenbach, 1999.
(Sehr ausführlich und präzise recherchiert.)
Prinz, Alois: *Auf der Schwelle zum Glück. Die Lebensgeschichte des Franz Kafka.* Weinheim, Basel: Beltz, 2005.
(Kafka-Biografie für junge Leser.)
Stach, Reiner: *Kafka: die Jahre der Entscheidungen.* Frankfurt am Main: Fischer Taschenbuch Verlag, 2004.
(Spannend zu lesende Kafka-Biografie der Jahre 1910–1915.)
Wagenbach, Klaus: *Franz Kafka.* Reinbek bei Hamburg: Rowohlt Taschenbuch Verlag, 36. Aufl., überarb. Neuausg. 2002.
(Aufschlussreich über die Lebenssituation des Autors ist v. a. das Kapitel „Leben oder Literatur?")
Wagenbach, Klaus: *Franz Kafka. Bilder aus seinem Leben.* Berlin: Klaus Wagenbach, 2., erw. u. veränd. Neuausg. 1995.
(Umfassendes Bildmaterial über Kafkas Familie und Stationen seines Lebens.)

Literatur

Sekundärliteratur

Alt, Peter-André: *Franz Kafka. Der ewige Sohn. Eine Biographie.* München: C. H. Beck, 2005.
(Neues, sehr anspruchsvolles Standardwerk; zu Bericht für eine Akademie *s. S. 517–524.)*

Bauer-Wabnegg, Walter: *Der Affe und das Grammophon: „Ein Bericht für eine Akademie".* In: Walter Bauer-Wabnegg: Zirkus und Artisten in Franz Kafkas Werk. Ein Beitrag über Körper und Literatur im Zeitalter der Technik. Erlangen: Palm & Enke, 1986, S. 127–159.

Bauer-Wabnegg, Walter: *Monster und Maschinen, Artisten und Technik in Franz Kafkas Werk.* In: Wolf Kittler; Gerhard Neumann (Hrsg.): Franz Kafka. Schriftverkehr. Freiburg: Rombach, 1990, S. 316–382.

Beicken, Peter U.: *Franz Kafka. Eine kritische Einführung in die Forschung.* Frankfurt am Main: Fischer Athenäum Taschenbücher, 1974.
(Zu Bericht für eine Akademie *s. S. 307–312.)*

Binder, Hartmut: *Motiv und Gestaltung bei Franz Kafka.* Bonn: Bouvier, 2. Aufl. 1987.

Binder, Hartmut: *Rotpeters Ahnen: „Ein Bericht für eine Akademie".* In: Hartmut Binder: Kafka. Der Schaffensprozeß. Frankfurt am Main: Suhrkamp, 1983, S. 271–305.

Born, Jürgen (Hrsg.): *Franz Kafka. Kritik und Rezeption zu seinem Lebzeiten 1912–1924.* Frankfurt am Main: S. Fischer, 1979.

Born, Jürgen; Dieter Krywalski (Hrsg.): *Deutschsprachige Literatur aus Prag und den böhmischen Ländern 1900–1939. Chronologische Übersicht und Bibliographie.* München: Saur, 3., vollst. überarb. u. erw. Aufl. 2000.

Bridgwater, Patrick: *Kafka and Nietzsche.* Bonn: Bouvier, 1974.

Bridgwater, Patrick: *Rotpeters Ahnherren, oder: Der gelehrte Affe in der deutschen Dichtung.* In: Deutsche Vierteljahrsschrift für Literaturwissenschaft und Geistesgeschichte, Band 56/1982, S. 447–462.

Eilittä, Leena: *Approaches to Personal Identity in Kafka's Short Fiction: Freud, Darwin, Kierkegaard.* Helsinki: Finnish Academy of Science and Letters, 1999.

Emrich, Wilhelm: *Der Affe in der Erzählung „Ein Bericht für eine Akademie".* In: Wilhelm Emrich: Franz Kafka. Das Baugesetz seiner Dichtung. Der mündige Mensch jenseits von Nihilismus und Tradition. Bonn: Athenäum, 9., bibl. erw. Aufl. 1981, S. 127–129.

Heller, Paul: *Franz Kafka. Wissenschaft und Wissenschaftskritik.* Tübingen: Stauffenburg, 1989.

Kaiser, Hellmuth: *Franz Kafkas Inferno. Eine psychologische Deutung seiner Strafphantasie (1931).* In: Heinz Politzer (Hrsg.): Franz Kafka – Wege der Forschung. Darmstadt: Wissenschaftliche Buchgesellschaft, 1980, S. 69–142.

Kittler, Wolf; Neumann, Gerhard: *Kafkas „Drucke zu Lebzeiten" – Editorische Technik und hermeneutische Entscheidung.* In: Wolf Kittler; Gerhard Neumann (Hrsg.): Franz Kafka: Schriftverkehr. Freiburg: Rombach, 1990, S. 30–74.

Kümmel, Peter: *Kafkas Tiere, unsere weisen Vorfahren. (DIE ZEIT-Schülerbibliothek, Nr. 26.)* In: DIE ZEIT, 30. April 2003. (Im Internet unter: http://zeus.zeit.de/text/2003/19/KA-Sbib-19 [Stand: März 2007].)

Locher, Elmar; Isolde Schiffermüller (Hrsg.): *Franz Kafka, „Ein Landarzt": Interpretationen.* Bozen: Ed. Sturzflüge, 2004. (Aktueller Tagungsband, der viele verschiedene Deutungsansätze anwendet.)

Mecke, Günter: *Franz Kafkas offenbares Geheimnis. Eine Psychopathographie.* München: Wilhelm Fink, 1982.

Neumann, Gerhard: *Der Blick des Anderen. Zum Motiv des Hundes und des Affen in der Literatur*. In: Jahrbuch der deutschen Schillergesellschaft, Band 40/1996, S. 87–122.

Norris, Margot: *Darwin, Nietzsche, Kafka, and the Problem of Mimesis*. In: Modern Language Notes, Band 95/1980, S. 1232–1253.

Pasley, Malcolm (Hrsg.): *Franz Kafka, Max Brod – Eine Freundschaft. Bd. 2: Briefwechsel.* Frankfurt am Main: S. Fischer, 1989.

Philippi, Klaus-Peter: *Reflexion und Wirklichkeit. Untersuchungen zu Kafkas Roman ‚Das Schloss'*. Tübingen: Niemeyer, 1966.

Raboin, Claudine: *‚Ein Landarzt' und die Erzählungen aus den ‚Blauen Oktavheften' 1916–1918*. In: Heinz Ludwig Arnold (Hrsg.): Franz Kafka. Sonderband. München: Text + Kritik, 2., gründl. überarb. Aufl. 2006, S. 151–172.

Rubinstein, William C.: *Franz Kafka's ‚A Report to an Academy'*. In: Modern Language Quarterly, Band 13/1952, S. 372–376.

Sanjosé, Axel; Precht, Sven: *Franz Kafka. Erzählungen: Zum Werk*. In: Franz Kafka: Amerika, Der Prozeß, Das Schloß, sämtliche Erzählungen: Das Urteil, Die Verwandlung, Ein Hungerkünstler, In der Strafkolonie. Voll interaktive CD-ROM mit integrierter Textverarbeitung, Einführungen zu den Werken, zu Biographie und Epoche, mit Kurzinhalten und bibliographischen Angaben, Illustrationen und Tonbeispielen. München: X-libris, 1996.

Schulz-Behrend, George: *Kafka's ‚Ein Bericht für eine Akademie'*. In: Monatshefte, Heft 1/1963, S. 1–6.

Sokel, Walter H.: *Franz Kafka – Tragik und Ironie. Zur Struktur seiner Kunst*. Frankfurt am Main: Fischer Taschenbuch Verlag, 1983.

Stölzl, Christoph: *Prag*. In: Hartmut Binder (Hrsg.): Kafka-Handbuch in zwei Bänden. Bd. 1: Der Mensch und seine Zeit. Stuttgart: Kröner, 1979, S. 40–100.
Tauber, Herbert: *Ein Bericht für eine Akademie – Ein Traum – Ein Brudermord*. In: Herbert Tauber: Franz Kafka. Eine Deutung seiner Werke. Zürich, New York: Oprecht, 1941, S. 71–72.
Torton-Beck, Evelyn: *Kafka and the Yiddish Theater. Its Impact on His Work*. Madison u. a.: The University of Wisconsin Press, 1971.
Weinstein, Leo: *Kafka's Ape: Heel or Hero?* In: Modern Studies, Band 8/1962, S. 75–79.

Sonstige Literatur
Coetzee, J. M.: *Elizabeth Costello. Acht Lehrstücke.* Aus dem Englischen von Reinhild Böhnke. Frankfurt am Main: Fischer Taschenbuch Verlag, 2006.
Darwin, Charles: *Die Abstammung des Menschen.* Übersetzt v. Heinrich Schmidt. Mit einer Einführung v. Christian Vogel. Stuttgart: Kröner, 5. Aufl. 2002 (Kröners Taschenausgabe, Bd. 28).
Freud, Sigmund: *Das Unbehagen in der Kultur und andere kulturtheoretische Schriften.* Einleitung von Alfred Lorenzer und Bernard Görlich. Frankfurt am Main: Fischer Taschenbuch Verlag, 9. unveränd. Aufl. 1994.
Gross, Otto: *Zur Überwindung der kulturellen Krise.* In: Otto Gross: Von geschlechtlicher Not zur sozialen Katastrophe. Hamburg: Edition Nautilus, 2000, S. 59–62.
Nietzsche, Friedrich: *Zur Genealogie der Moral. Eine Streitschrift.* Frankfurt am Main: Insel, 7. Aufl. 2000.
Zeller, Bernhard; Otten, Ellen (Hrsg.): *Kurt Wolff. Briefwechsel eines Verlegers, 1911–1963.* Frankfurt am Main: Scheffler, 1966.

Links

- http://www.franzkafka.de/franzkafka/home/ [Stand: März 2007]
  (Offizielle Autorenseite des S. Fischer Verlags mit fundierten Informationen. Ausführliche Bibliografie zu Leben und Werk.)
- http://www.kafka.uni-bonn.de/index.shtml [Stand: März 2007]
  (Gute und umfassende Analyse von Kafkas Werk.)
- http://www.judentum-projekt.de/persoenlichkeiten/liter/franzkafka/index.html [Stand: März 2007]
  (Ausführliche Darstellung jüdischer Kultur und Geschichte.)
- http://www.kafkamuseum.cz [Stand: März 2007]
  (Alles über das Kafka-Museum in Prag.)

Wie interpretiere ich...?

■ Der Bestseller!

Alles zum Thema Interpretation,
abgestimmt auf die individuellen Anforderungen

Basiswissen
(Einführung und Theorie)
- grundlegende Sachinformationen zur Interpretation und Analyse
- Grundlagen zur Erstellung von Interpretationen
- Fragenkatalog mit ausgewählten Beispielen
- Analyseraster

Anleitungen
(konkrete Anleitung - Schritt für Schritt,
mit Beispielen und Übungsmöglichkeiten)
- Bausteine einer Gedichtinterpretation
- Musterbeispiele
- Selbsterarbeitung anhand praxisorientierter Beispiele

Übungen mit Lösungen
(prüfungsnahe Aufgaben zum Üben und Vertiefen)
- konkrete, für Klausur und Abitur typische Fragen und Aufgabenstellungen zu unterrichts- und lehrplanbezogenen Texten mit Lsg.
- epochenbezogenes Kompendium

Bernd Matzkowski
Wie interpretiere ich Lyrik?
Basiswissen Sek. I/II (AHS)
112 Seiten, mit Texten
Best-Nr. 1448-8

Thomas Brand
Wie interpretiere ich Lyrik?
Anleitung Sek I/II (AHS)
205 Seiten, mit Texten
Best-Nr. 1512-6

Thomas Möbius
Wie interpretiere ich Lyrik?
Übungen mit Lösungen, Band 1
Mittelalter bis Romantik
Sek. I/II (AHS),
158 S., mit Texten
Best.-Nr. 1513-3

Thomas Möbius
Wie interpretiere ich Lyrik?
Übungen mit Lösungen, Band 2
Realismus bis Postmoderne
Sek. I/II (AHS),
149 S., mit Texten
Best.-Nr. 1461-7

Bernd Matzkowski
Wie interpretiere ich Novellen und Romane?
Basiswissen Sek. I/II (AHS)
74 Seiten
Best-Nr. 1495-2

Thomas Brand
Wie interpretiere ich Novellen und Romane?
Anleitung Sek. I/II (AHS)
160 Seiten, mit Texten
Best.-Nr. 1471-6

Thomas Möbius
Wie interpretiere ich Novellen und Romane?
Übungen mit Lösungen Sek. I/II (AHS)
200 Seiten, mit Texten
Best.-Nr. 1472-3

Bernd Matzkowski
Wie interpretiere ich ein Drama?
Basiswissen Sek. I/II (AHS)
112 Seiten
Best.-Nr. 1419-8

Thomas Möbius
Wie interpretiere ich ein Drama?
Anleitung
204 Seiten, mit Texten
Best.-Nr. 1466-2

Thomas Möbius
Wie interpretiere ich ein Drama?
Übungen mit Lösungen
206 Seiten, mit Texten
Best.-Nr. 1467-9

Bernd Matzkowski
Wie interpretiere ich?
Sek. I/II (AHS)
114 Seiten
Best.-Nr. 1487-7

Bernd Matzkowski
Wie interpretiere ich Kurzgeschichten, Fabeln und Parabeln?
Basiswissen Sek. I/II (AHS)
96 Seiten, mit Texten
Best-Nr. 1519-5

Thomas Möbius
Beliebte Gedichte interpretiert
Sek I/II (AHS)
104 S., mit Texten
Best.-Nr. 1480-8

Eduard Huber
Wie interpretiere ich Gedichte?
Sek I/II (AHS)
112 Seiten
Best.-Nr. 1474-7
Ein kompakter Helfer zum Thema
Gedichtinterpretation.
Das Buch hebt sich durch seine kompakte
Darstellung und seine Methodik von anderen
Interpretationshilfen ab.

Aufsatz

■ Qualität, die überzeugt!

- 🖎 schülergerecht dargestellt und aufbereitet
- 🖎 klarer, übersichtlicher Aufbau
- 🖎 Randleisten mit Info-Buttons
- 🖎 mit Übungen und Lösungen
- 🖎 erarbeitet in Anlehnung an die gültigen Lehrpläne
- 🖎 Lernerfolg ist garantiert!

Die Bände enthalten sowohl die wichtigsten Informationen zu den einzelnen Aufsatzthemen als auch zahlreiche Übungsmöglichkeiten. Die Übungen bauen aufeinander auf und sind auf der Grundlage aktueller, schülernaher und unterrichtsrelevanter Texte verfasst. Inhaltliche wie sprachlichgrammatische Aspekte werden in gleicher Weise berücksichtigt.
Ein Lösungsteil ermöglicht die eigenständige Kontrolle und Verbesserung der Arbeitsergebnisse.

Eckehart Weiß
Wie schreibe ich einen Aufsatz?
5.–6. Schuljahr
Sek I / RS / Gym (HS/AHS)
216 Seiten
Best.-Nr. 1511-9
Folgende Themen werden behandelt:
Die Erzählung / Der Bericht / Der Brief / Die Beschreibung / Schilderung / Textzusammenfassung

Christiane Althoff
Wie schreibe ich einen Aufsatz?
7.–8. Schuljahr
Sek I / RS / Gym (HS/AHS)
180 Seiten
Best.-Nr. 1505-8
Folgende Themen werden behandelt:
Inhaltsangabe (auch erweitert) / Bildbeschreibung / Schilderung / Protokoll / begründete Stellungnahme und Kurzvortrag

Brand, Möbius
Wie schreibe ich einen Aufsatz?
9.–10. Schuljahr
Sek I / RS / Gym (HS/AHS), 200 Seiten
Best.-Nr. 1483-9
Folgende Themen werden behandelt:
Informierende, berichtende, kommentierende Texte / Reportage / dialektische Erörterung / Geschäftsbrief / Charakteristik / Argumentationslehre / lineare Erörterung / Referat

Thomas Möbius
Wie schreibe ich einen Aufsatz?
11.–13. Schuljahr – Band 1
Sek II / Gym (AHS)
188 Seiten
Best.-Nr. 1484-6
Folgende Themen werden behandelt:
Die Inhaltsangabe / Die Erörterung / Die Textanalyse / Facharbeit

Thomas Möbius
Wie schreibe ich einen Aufsatz?
11.–13. Schuljahr – Band 2
Sek II / Gym (AHS)
160 Seiten
Best.-Nr. 1485-3
Folgende Themen werden behandelt:
Die Textinterpretation / Epik / Lyrik / Drama / Textvergleich

Eckehart Weiß
Berichten – Erzählen – Beschreiben
5.–7. Schuljahr
Sek I / RS / Gym (HS/AHS), 152 Seiten
Best.-Nr. 1475-4
Das Buch behandelt alle Aufsatzformen der 5.-7. Klasse.
Wie schreibe ich einen Bericht, eine Reizwortgeschichte, eine Schilderung, ...? Übersichtlich und verständlich aufgebaut, wird dem Schüler ermöglicht, anhand von Anleitungen, Beispielen, Übungen und Lösungen gezielt die jeweilige Aufsatzform zu erschließen, um sie dann in der Praxis erfolgreich umzusetzen. Lernerfolg ist garantiert! Die ideale Hilfe für Schüler und Eltern.